ÉLISABETH TROTIGNON

1001 SECRETS de plantes

Illustrations : Lise Herzog

prat éditions

Éditions Prisma

Directeur : Pierre-Olivier Bonfillon
Directrice éditoriale : Françoise Kerlo
Chargée d'édition : Emmanuelle de Villedary
Chefs de fabrication : Jérôme Brotons,
Anne-Kathrin Fischer, Jeanne Mercadante
Suivi éditorial : Sophie Boucher-Delesalle
Composition : Maryse Claisse

Couverture : lesChlouis polnor@wanadoo.fr

MIXTE
Papier issu de sources responsables
FSC® C057358

Dépôt légal : mai 2016

ISBN : 978-2-8104-1647-9

Impression : Gorenjski Tisk Storitve (Slovénie)

« Il n'étudiait pas les plantes ; il aimait les fleurs. »

J'aime cette phrase de Victor Hugo qui, sur un même sujet, fait le pendant entre connaissance d'un côté, sensibilité de l'autre. Plantes et fleurs ne se prêtent-elles pas à cette double lecture ? Aux unes, la science, aux autres, l'émotion. Mais souvent, ce sont les mêmes…

Ainsi reconnues, elles ont bien 1001 secrets à nous chuchoter, à nous livrer. Elles sont utiles, alimentaires, médicinales, domestiques, racontent une histoire… Mais pas seulement. Elles valent aussi par un parfum, une forme, la découpe d'un pétale, une inspiration, une poésie… Tout est dit.

Courant les sentiers, cueillant des bouquets à pleines mains, puis cuisinant feuilles et racines à gros bouillons ou les ciselant en fines salades, je me dis toujours que les plantes restent uniques, généreuses, astucieuses aussi. Car elles s'impliquent intelligemment dans leur, dans notre milieu de vie, nous livrant en même temps – à condition que nous soyons à l'écoute – quantité de petits « trucs » qui nous aident à vivre et à nous sentir mieux.

Alors, si vous êtes à l'image du personnage de Victor Hugo, ce livre est sans doute pour vous : il vous donnera des clés pour reconnaître les plantes, savoir si elles sont bonnes (ou moins bonnes), comment elles s'utilisent et s'ingénient à vous faire plaisir…

Élisabeth Trotignon

Connaître les plantes

De la mousse à la fleur

Nommer les plantes

Voyage dans l'espace et dans le temps

Les plantes en pratique

Lieux et plantes, une étroite complicité

S'initier à la botanique

Cueillir les plantes

Sécher, conserver et transformer

La plante dans tous ses états

Plantes vénérées ? C'est selon !

Plantes à (presque) tout faire

Des plantes qui améliorent notre cadre de vie

Plantes à déguster, savourer, siroter...

Dînette au fil des saisons

Plantes condimentaires et aromatiques

Spécialités locales

Douceurs à croquer et à boire

Ces plantes qui font du bien

Un peu d'histoire

Des simples… pas si simples !

Petits bobos de tous les jours

Plantes de bien-être

Les termes suivis d'un astérisque sont définis dans le glossaire.

Caucalis arvensis
Carum Carvi
Daucus Carota
Pimpinella Saxifraga
Astrantia major
Anthriscus Cerefoliur

Connaître les plantes

J'ai toujours été fascinée par le fait que les plantes remontent à la nuit des temps et que, dès son apparition sur Terre, l'homme ait fait affaire avec elles : très vite, il les a repérées, regardées de près, emportées auprès de lui, testées et utilisées, pour le meilleur comme pour le pire. Aujourd'hui, cultivées ou laissées à l'état sauvage, elles s'intègrent dans un monde qui ne cesse de s'élargir. Pour ce voyage, dans le temps et dans l'espace, dans la connaissance aussi, suivez le guide !

De la mousse à la fleur

Au commencement était la mousse

la vie arrachée à la mer

Il y a plusieurs centaines de millions d'années, la vie se passe dans la mer. Là, plancton et algues monocellulaires mènent la belle vie, seules au monde. Puis, peu à peu, ils s'approchent de la terre ferme, du littoral, lieu de brassages intenses. Avec le temps et au fil d'évolutions complexes, apparaissent les premiers ***végétaux terrestres***, tous venus de la mer et, donc, plus ou moins issus du monde des algues. Parmi eux, la mousse : l'une des premières, elle réussit à s'affranchir du milieu liquide, s'adaptant à la terre ferme et à ses contraintes.

petite, résistante et sociale

Mais la ***mousse*** est une plante minuscule qui, en sus, est condamnée à le rester : sans véritable bois pour la soutenir, elle n'a pas les moyens de grandir véritablement. Fragile donc, mais quand même assez solide pour résister au temps qui passe, aux extrêmes, grand chaud et grand froid, grand sec ou temps mouillé, vent ou bourrasque… Indifférente, en quelque sorte. Et s'adaptant aux conditions les plus dures : séchant sur un toit perclus de soleil mais se réhydratant aussi vite, dès la première pluie. De plus, comme elle pousse en colonie, elle se serre contre ses collègues de même acabit, si bien que toutes se protègent les unes les autres : entre elles, l'union fait la force.

à la campagne comme en ville

À la campagne, la mousse est utile : elle sert de litière à la vache, accueille l'œuf de la poule, tient lieu de paillage au jardin, etc. À la ville, elle vit une autre vie. Si vous êtes citadin(e) et désirez du vert autour de vous, pensez à elle : elle verdira votre toit, accompagnera le bitume de votre mur, aidera (même modestement) à purifier l'air que vous respirez, à amortir le bruit du voisinage, à limiter le chaud et le froid… Et de fait, aujourd'hui, dans ces grands ensembles qui, sous la houlette d'un architecte inspiré, veulent se mettre au vert, la mousse devient ***tendance***.

invitation au repos

« Sur un tapis de fougères et de mousses…
Quand je n'ai rien à faire et qu'à peine un nuage
Dans les champs bleus du ciel, flocon de laine, nage
J'aime à m'écouter vivre… »

Théophile Gautier, *Poésies*, 1830

Dans les bois, une souche d'arbre couverte de mousse me fait toujours penser à un ***coussin*** de velours vert. Elle est bien là pour enchanter les amoureux, reposer le guerrier (ou le feignant), alanguir le rêveur…

Le temps des fougères

ni fleurs ni graines

Après la mousse, vient le temps de la fougère. Elle invente la lignine, ce constituant chimique du bois qui lui confère une certaine rigidité. De « vraies » racines* lui permettent aussi de se cramponner au sol. Puis elle se vêt de feuilles, souvent fines comme de la dentelle et qui, jeunes crosses au printemps, se déroulent avec lenteur. Mais il suffit qu'un lapin un peu gourmand en croque l'extrémité pour qu'elle disparaisse… Néanmoins, elle ne possède ni fleurs, ni fruits, ni graines. À leur place, de ***minuscules sporanges**** assurent la reproduction : disposées sous la fronde*, elles contiennent ces précieuses spores qui, un jour ou l'autre, s'envoleront pour donner naissance à de nouvelles fougères.

gigantesques

Le temps béni des fougères ? C'est l'ère primaire, autour de 300 millions d'années (mais on n'est pas à quelques millions près…), le ***Carbonifère*** plus précisément. Le climat est alors chaud et humide.

Largement arborescentes, les fougères sont à l'aise comme des poissons dans l'eau. Voisinant avec des sortes de mille-pattes géants et des insectes tout aussi bizarres, elles et leurs alliées (lépidodendron, calamites géantes – ancêtres de nos prêles…) déploient leurs énormes frondes* dans un paysage d'eau et de terre mêlées dont nous n'avons pas idée, paysage que seuls les scientifiques ou les cinéastes de *Jurassic Park* peuvent imaginer.

merci les fougères !

Les fougères forment alors de gigantesques forêts, bien évidemment disparues, mais que l'on retrouve, d'une autre manière, sous nos pieds, à des kilomètres de profondeur. À partir du XIXe siècle, elles ont commencé à chauffer nos usines, à faire la fortune industrielle de nos pays… et ont mis au travail des générations de mineurs, au temps de *Germinal*. Et encore après. Car les fougères sont à la base de la houille, ce ***charbon*** qui à la fois nous facilite la vie, mais aussi l'empoisonne : n'est-il pas une des sources du réchauffement climatique ?

toutes petites

Puis les temps se durcissent, se font plus rudes (à tous les niveaux : climatiques, environnementaux…), et les fougères géantes résistent de plus en plus mal. Aujourd'hui, en Europe, elles ont carrément disparu. Celles qui survivent n'ont plus grand-chose à voir avec leurs ancêtres qui, à l'ère secondaire, dominaient le monde. Minuscules au regard de leur ***gloire passée***, elles ne font pas le poids avec leurs cousines tropicales : dans une ambiance chaude et humide, ces dernières arrivent encore à vivre dans une relative insouciance… Presque comme autrefois !

fougère aigle

Si vous aimez les grandes promenades en forêt, de chênes, bouleaux ou hêtres, la fougère aigle sera certainement au rendez-vous. Vous ne pouvez la manquer. Elle s'étale d'ailleurs si généreusement dans les sous-bois qu'elle empêche toute autre plante de pousser. Hier, nos arrière-grands-parents, paysans pour une grande majorité, la recherchaient surtout pour la ***litière de l'étable*** – elle n'était guère utile autrement. À côté d'elle – certainement la plus commune – poussent d'autres espèces, plus anecdotiques, plus petites aussi. Mais si fines et de frondes* si délicatement ciselées… Si vous les regardez de près, vous constaterez à quel point elles sont magnifiques !

composition florale

Les fougères abondent dans les sous-bois, mais pas seulement. Elles s'accrochent aussi à la pierre, frôlent un tronc d'arbre, poussent parfois près de l'eau. Leurs frondes* se détachent au soleil, comme de fines dentelles. Des ***dentelles*** que les fleuristes mêlent volontiers aux roses, pivoines, dahlias et autres fleurs colorées à fortes corolles*. Et des dentelles qui, pour les besoins du bouquet, sont bien évidemment cultivées, car nombre d'entre elles poussant spontanément dans la nature sont protégées.

Les plantes à fleurs, souveraines

d'abord l'ovule...

Dans l'arbre du temps, après les mousses et les fougères viennent les Préspermaphytes, puis les Spermaphytes (conifères ou résineux) qui, eux, inventent l'ovule. L'arbre aux 40 écus, le ***ginkgo*** *(Ginkgo biloba)*, est le premier d'entre eux, apparu il y a 270 millions d'années. Bien qu'il soit d'origine chinoise, vous l'avez certainement déjà croisé, lui et ses feuilles en éventail, dans un jardin botanique ou un parc urbain – il y est fréquemment planté. D'une certaine manière, il « pond des œufs », œufs que, l'automne venu, l'on retrouve au sol, dégageant une odeur qui n'a rien de suave.

... puis la graine

Relativement antique et de complexion fragile, le ginkgo est aujourd'hui un survivant, désormais supplanté par des espèces plus modernes, mieux organisées pour affronter la vie : celles-là produisent des graines, des presque fleurs (les cônes de conifères) et développent un

appareil reproducteur plus élaboré. Nous sommes à l'ère secondaire, en ces temps où les dinosaures parcourent la Terre dans une atmosphère plutôt sèche, saturée de gaz carbonique, une Terre surtout peuplée de… conifères. Très nombreux à cette époque, ces conifères vont cependant, dès le début de l'ère tertiaire (vers - 65 millions d'années) laisser la place aux plantes à fleurs, aujourd'hui dominantes. Tous sont des arbres, certains bien connus : pins, épicéas, sapins, mélèzes…

et vint la fleur

Il y a plus de 100 millions d'années, apparaît la fleur. Avant elle, il y eut donc le conifère, inventeur de l'ovule, mais un ovule vulnérable, sujet de toutes les gourmandises animales. La fleur, elle, a cette idée géniale d'insérer l'ovule dans un organe clos, l'ovaire protecteur. De plus, elle s'acoquine avec le ***monde des insectes***, lequel a, pour une grande part, le privilège de participer à sa fécondation : entre eux, s'échangent de bons et loyaux services. Aujourd'hui, en France, près de 5 000 espèces à fleurs (mais plus de 200 000 dans le monde !) sont dûment connues et répertoriées.

radioscopie d'une rose

La rose est sans doute ***la fleur la mieux connue***. Prototype facile à détailler, elle permet de bien comprendre comment s'organise une plante. Elle porte 5 pétales (qui composent la corolle*) à la base desquels se trouvent 5 sépales* (qui composent le calice*). Les organes mâles se nomment étamines* – ils renferment le pollen –, tandis que les organes femelles sont représentés par le pistil*, formé d'une part d'un ovaire contenant les ovules, d'autre part d'un style* que surmontent un ou plusieurs stigmates* (qui vont retenir le pollen fécondateur). Lorsque la fleur est fécondée, le fruit contenant les graines va progressivement se développer. Chez la rose, il est rouge, assez gros, s'appelle cynorrhodon, plus trivialement « poil à gratter » ou « gratte-cul », ce qui, autrefois, ne manquait pas d'amuser les jeunes (parfois les moins jeunes).

sublimes ou plus discrètes

Chacun(e) de vous a pu le constater, il est des fleurs sublimes, éclatantes, régalant le nez et les yeux ; et, tout à côté, d'autres auxquelles peu de personnes prêtent attention, tant elles sont médiocres en couleur, en taille, en parfum, en presque tout. Seuls les botanistes passionnés savent s'exclamer de bonheur devant elles, mais ils ne courent pas les rues. Et pourtant… elles sont ***toutes de qualité***, à leur place dans la nature, indicatrices d'un sol, d'un climat, d'une région. Et certaines, malgré leur manque d'éclat, pleines de vertus… Donc, jamais négligeables !

l'orchidée, ultra-spécialisée

Une récente enquête vient de montrer qu'une grande proportion de Français connaît et adore les orchidées. Oui, mais lesquelles ? Sans doute celles qui s'épanouissent à des milliers de kilomètres d'ici, sous d'immenses serres naturelles nommées Tropiques ; ou encore celles qui s'achètent chez le fleuriste – cultivées, elles. Pourtant, sait-on qu'en France, pas moins d'une cinquantaine d'espèces ont été recensées ? Certes, plus petites que leurs cousines tropicales. Si vous les regardez de près, vous verrez que certaines n'hésitent pas à ***singer l'insecte*** venant les butiner. Par exemple, magnifique avec son labelle rose, l'ophrys abeille *(Ophrys apifera)*, ressemble à s'y méprendre à… une abeille qui, elle plutôt qu'une mouche ou une araignée, viendra butiner SA fleur. Ici, le mot *« apifera »* (abeille) a du sens. En échange, l'insecte pourra se gorger de nectar, ce liquide sucré dont il raffole.

de la fleur à l'assiette

Entre la fleur et l'insecte, la complicité est évidente ; elle est aussi indispensable à notre ***survie*** : sait-on que 80 % de notre alimentation provient de leur étroite et très féconde relation ? Sans les abeilles et autres guêpes butineuses, point de tomates, courgettes ou coriandre dans l'assiette. En effet, avant d'être ces « fruits » que nous mangeons avec plaisir, nos aliments végétaux sont passés par des étapes successives : ovules* et étamines*, puis fécondation par des insectes, fructification… C'est pourquoi, si vous voyez des insectes butiner une fleur, laissez-les tranquilles : ils volettent tout à la fois pour leur survie et pour la nôtre.

Mollugo. *Molugine.*

Minuartia. *Minuart.*

Queria. *Quérie.*

Lechea. *Léquée.*

Nommer les plantes

Des mots pour le dire

comment nommer les plantes ?

Cela peut être un véritable ***casse-tête***. Les scientifiques parlent en latin ; de leur côté, les « paysans » (autrement dit, les gens du « pays ») les connaissent de manière empirique : ils utilisent des expressions bien à eux, qui, d'ailleurs, ont souvent du sens. Mais ils le font de manière si personnelle que, d'une région à une autre, certaines plantes portent des noms différents. À l'inverse, un même nom peut désigner des plantes qui n'ont rien à voir entre elles. Allez donc vous y retrouver ! Ici, interviennent les traditions, la culture locale, la langue régionale et de multiples paramètres qui pourraient faire le sujet d'une thèse…

il y a « ortie » et « ortie »

En général, le mot « ortie » désigne une plante aux feuilles pointues et dentées, pourvues de poils plus ou moins fins. Et surtout, une plante qui pique ! Vous la connaissez sans doute pour vous y être frotté(e) au moins une fois dans votre vie…

De fait, la véritable ortie est celle qui pique. En France, il en existe surtout deux, la « grande » *(Urtica dioica)* et la « brûlante » *(Urtica urens)*. Et pourtant, à côté d'elles, dans le ***langage populaire***, vous en trouvez quantité d'autres, tout à fait inoffensives, comme celles-ci : la blanche, la jaune, la rouge, la puante, la royale, la bâtarde, la morte… Ces « orties » qui, ainsi présentées, semblent être légion, sont plutôt des lamiers* (de famille pourtant très différente). De quoi y perdre son latin !

le latin pour tous

C'est là que le latin prend tout son sens… Conscients de ces confusions possibles, les botanistes ont, depuis longtemps, proposé d'utiliser cette langue pour nommer les plantes. Elle a l'avantage d'être universelle, comprise de tous, y compris des botanistes coréens, papous, hindoustanis ou suédois. C'est justement l'un d'entre eux, Carl von Linné, qui, en 1753, jeta les bases d'une ***nomenclature***, aujourd'hui toujours utilisée partout. Depuis, chaque plante est désignée par deux mots : le genre (par exemple, ortie) auquel elle appartient et une épithète (par exemple, brûlante) qui, elle, désigne l'espèce à l'intérieur de ce genre. Ainsi l'ortie « brûlante » *(Urtica urens)* n'est pas la « grande » ortie *(Urtica dioica)* : il s'agit bien de deux espèces différentes.

Depuis 1753, cette nomenclature a été révisée, remaniée, augmentée. Mais ses fondements restent inchangés.

famille, genre, espèce

Au premier abord, les plantes semblent un peu compliquées à déterminer ! Il n'empêche que, dès que vous commencerez à les connaître, vous vous apercevrez vite que certaines possèdent des caractéristiques communes.

Par exemple, la cardamine des prés *(Cardamine pratensis)* et la minuscule capselle bourse-à-pasteur *(Capsella bursa-pastoris)* montrent 4 pétales disposés en croix, 4 étamines* dont 2 plus petites, des feuilles presque toujours alternes : en cela, elles appartiennent à la même famille, celle des Crucifères (depuis peu nommée Brassicacées). Le nom *Cardamine* représente donc le genre et *pratensis* (« des prés »), l'espèce ; il en est de même pour *Capsella* (le genre) *bursa-pastoris* (l'espèce). Ainsi, la plante est ***bien définie***, caractérisée. Tout cela pour dire que la cardamine n'a pas grand-chose à voir avec le pissenlit qui, bien que fréquentant le même pré, appartient à la famille des Astéracées.

racines grecques, latines...

Un grand nombre de plantes ont des origines latines, grecques, arabes ou autres, qui ***toutes ont du sens***. Par exemple, l'anthémis des champs *(Anthemis arvensis)* a des liens avec le grec *anthemon* qui, tout simplement, signifie « fleur »... Le vulpin des champs *(Alopecurus myosuroides)* tire son nom français du latin *vulpes* (« renard ») en raison de son inflorescence (c'est une graminée comme le blé), qui peut évoquer une queue de renard ; ou encore, le glaïeul des moissons *(Gladiolus italicus)* présente des feuilles semblables à des glaives (*gladius* en latin) ; enfin, originaire de Syrie, la bourrache devrait son nom à l'assemblage de deux mots arabes : *abou* (« père ») et *rash* (« sueur »), allusion au fait qu'elle est sudorifique (ce qui est vérifié).

Enfin, la shérardie, ou rubéole des champs *(Sherardia arvensis)*, et, plus connu, le fuchsia doivent tous deux leur nom à un botaniste : respectivement William Sherard, botaniste anglais du XVIIe siècle, et Leonhart Fuchs, botaniste allemand du XVIe siècle.

Des noms parfois savoureux

bourrache ou « pain d'abeilles »

Et la bourrache, encore : si vous la connaissez, avez-vous déjà remarqué combien les insectes la sollicitent, virevoltant autour de sa corolle* bleue ? C'est qu'elle produit un ***délicieux nectar*** qui les attire, les retient, les rend presque fous au point qu'ils ne savent plus vraiment où donner des antennes. Et, dans un champ de bourrache (la plante se cultive pour son huile qui fera belle votre peau), c'est un tourbillonnement incessant, des vols dans tous les sens, animant les journées déjà chaudes. C'est la raison pour laquelle les paysans d'hier, qui n'avaient pas les yeux dans la poche, ont nommé la bourrache « pain d'abeilles ».

prêle des champs

La prêle des champs *(Equisetum arvense)* se nomme aussi, en langage populaire, ***« queue-de-renard », « queue-de-cheval », « queue-de-chat », « queue-de-rat »***… En fait, beaucoup de « queues » d'animaux, dûment observées et comparées, puis rapportées à la physionomie de la prêle. Cependant, qu'elle soit de renard, de cheval ou de rat, elle doit surtout son nom populaire à la forme particulière de ses tiges, creuses et sillonnées en long, munies de nœuds. Des nœuds qui portent une gaine à dents effilées, de laquelle partent des rameaux formant comme du crin animal. C'est ce crin végétal qui, un peu partout et très probablement, enflamma l'imagination paysanne…

herbe aux femmes battues

Ou ***tamier commun*** *(Tamus communis)*. Cette liane fréquente les haies et les buissons, s'accroche et s'enroule. Au printemps, elle développe des feuilles vertes et luisantes en forme de cœur renversé, des grappes de fleurs verdâtres ; puis l'automne, elle produit des baies écarlates à saveur brûlante (il n'est cependant pas conseillé de les consommer). Pourquoi s'appelle-t-elle « herbe aux femmes battues » ? Tout simplement parce qu'autrefois elle soignait contusions et autres ecchymoses. La petite histoire aime raconter que l'épouse (ou non) recevait des coups de l'homme en colère, jaloux, violent… Mais sans doute cette plante soignait-elle aussi d'autres victimes, masculines cette fois, ce qui est moins souvent rapporté. La racine* était réduite en pâte, puis bouillie, avant d'être appliquée sur la peau. Les meurtrissures s'effaçaient alors rapidement.

herbe du tonnerre…

Mais aussi « barbe-de-Jupiter », « artichaut des toits »… Soit la ***joubarbe*** *(Sempervivum tectorum)*, cette petite plante grasse qui ressemble à un artichaut et porte des fleurs délicatement rosées, étalées en étoiles. Elle s'observe aisément sur les rochers, les vieux murs et les toits. Pourquoi les toits ? Parce que les anciens avaient coutume d'y planter deux ou trois pieds, histoire de repousser la foudre dont ils avaient une sainte terreur. Les premiers d'entre eux avaient cru remarquer que la fureur du ciel ne s'abattait jamais sur une maison ainsi protégée. À tel point que, sensible à ces croyances, Charlemagne, l'empereur à la barbe blanche (mais en eut-il vraiment une ?), ordonna à ses fidèles sujets d'en garnir tous les toits relevant de ses domaines. L'ordre apparaît dans le fameux *Capitulaire De Villis*, édicté au début du IXe siècle.

capselle bourse-à-pasteur

Cette plante *(Capsella bursa-pastoris)* est ***tout un programme*** ! Elle se nomme capselle « bourse-à-berger », « malette-à-berger », « bourse-de-capucin », « bourse-de-Judas »… Capselle vient du latin *capsa*, c'est-à-dire « boîte », « escarcelle ». Elle est toute petite, quasi insignifiante. Mais si vous regardez attentivement

Capselle bourse-à-pasteur *(Capsella bursa-pastoris)*

le fruit de la plante (une silicule*), d'une part vous serez séduit(e) par sa forme de cœur renversé et sa délicate architecture, d'autre part vous comprendrez vite que ceux qui lui ont donné ce nom savaient observer. De fait, il ressemble assez au sac (la bourse) de cuir que les bergers portaient alors à la ceinture.

herbe à poules

Voici la ***lampsane*** *(Lapsana communis)*, plante grêle à fleurs jaunes de nos jardins (en général, rangée dans la case des « mauvaises herbes »). Mais elle se nomme aussi « poule grasse » ou « grasse géline » (ce qui revient au même), et « herbe aux mamelles » (ce qui est différent). Deux raisons expliquent cela. Concernant la première dénomination, plutôt culinaire, les paysans avaient remarqué que les volailles appréciaient la lampsane : grâce à elle, une fois rôties, leur chair ressortait sans doute plus moelleuse. Quant à la seconde, elle fait allusion aux vertus médicinales de la plante : elle soignait les seins crevassés des femmes qui allaitaient leurs petits (parfois ceux des autres), à l'instar des nourrices morvandelles bien connues. De fait, une feuille écrasée favorise la cicatrisation.

le calendrier et ses saints

Nombre de plantes portent des noms de saints et certaines même deux ou trois ! Ainsi, l'achillée millefeuille *(Achillea millefolium)*, l'herbe de saint Jean, mais aussi l'herbe de saint Joseph (patron des charpentiers)… À la campagne, sur un talus, elle voisine avec une autre herbe de saint Jean (le millepertuis), avec l'herbe de saint Benoît (la benoîte), l'herbe de saint Guillaume (l'aigremoine eupatoire), la fleur de la Saint-Jean (l'armoise commune), l'herbe de saint Zacharie (le bleuet des champs), l'herbe de sainte Claire (la chélidoine), l'herbe de saint Pierre (la balsamite), l'herbe de saint Georges (la valériane officinale*), et j'en passe. Autant de noms faisant allusion à ces saints si présents dans l'imaginaire paysan, références fortes à des ***coutumes***, à des ***croyances religieuses***, à des ***saisons***.

Voyage dans l'espace et dans le temps

Entre géographie et imaginaire, les plantes voyagent

Néolithique

Les plantes se déplacent. Pour elles, le voyage commence dès le Néolithique, dès les premiers balbutiements de l'agriculture. Du Proche-Orient, et en suivant les nombreuses ***migrations humaines***, arrivent le blé, l'orge, l'avoine, rapidement cultivés en Occident. Mais avec eux, débarquent aussi adonis, coquelicot, nielle des blés, bleuet… qui, très vite, se mêlent aux céréales panifiables, au grand dam des paysans. Lorsqu'ils récoltent le bon grain, ces derniers n'apprécient pas vraiment de voir l'intruse, la « mauvaise herbe », venir polluer leur moisson.

Antiquité

L'Antiquité connaît les plantes, mais de manière empirique. Au temps des pharaons, les Égyptiens, qui les cultivent au jardin, croient en leur divinité, en font parfois des œuvres artistiques ; les Grecs assemblent ce qu'ils savent d'elles, évoquent des vertus déjà éprouvées, placent certaines d'entre elles sur le registre médical, nourricier ou agricole. Théophraste, disciple d'Aristote, le Grec Dioscoride, les Romains Pline l'Ancien et Columelle, entre autres, ont dressé d'imposantes et très ***savantes encyclopédies*** dans lesquelles les plantes occupent une place de choix.

graphisme décoratif

Par la suite, c'est sur ces encyclopédies que, au moins jusqu'au Moyen Âge, va s'appuyer la « science » botanique. En fait, elle sera inlassablement reproduite par des générations de copistes, plus ou moins fantaisistes, si fantaisistes d'ailleurs qu'ils vont finir par l'édulcorer, faire d'elle une sorte de fourre-tout à la fois érudit, pieux, superstitieux, joyeusement enluminé… En bref, fabuleux, parfois imaginaire, mais, au final, ***assez peu scientifique***. L'on peut dire que, concernant au moins le Moyen Âge, l'artiste devance largement le scientifique. La plante voyage, certes… mais surtout sous le pinceau de l'enlumineur.

plantes de chaleur

L'homme a toujours eu la bougeotte. Il est pèlerin, marchand, vagabond et, de ses voyages, au long cours ou pas, rapporte dans son sac des plantes qui lui ont plu, lui ont été recommandées ; des plantes qu'il a simplement cueillies, un beau matin, sur le bord d'un chemin. Plantes découvertes dans un pays qui n'est pas le sien, puis promptement ***domestiquées*** chez lui, dans son pré carré. Ainsi la coriandre *(Coriandrium sativum)*, méditerranéenne du Proche-Orient, tient une place à part dans le jardin médiéval et d'aujourd'hui. Ou encore le fenouil *(Foeniculum vulgare)* qui, de même origine, ira se perdre dans toutes les directions, y compris les plus septentrionales.

les Arabes, commerçants avisés

Dans l'histoire, les Arabes ont été d'infatigables voyageurs, certains très savants. C'est à eux que l'on doit l'introduction de ***nombreuses plantes***. Par exemple, l'épinard, originaire du nord-ouest du Népal et des Indes. D'abord cultivé au Moyen-Orient entre le IVe et le Xe siècle, il passe ensuite en Espagne, puis en France où il remplace avantageusement l'arroche, légume jugé insipide. Il plaît tant qu'à Paris, au Moyen Âge, il est cultivé dans tous les jardins, consommé sous la forme de tourtes. Il faut dire aussi qu'à l'époque, les Arabes circulent librement dans une vaste zone d'échanges qui va de la Perse à l'Espagne.

les croisés aussi

À qui devez-vous de manger ces galettes de sarrasin (ou blé noir) que vous aimez tant ? Aux croisés qui, en même temps qu'ils tâtent de l'épée contre les « infidèles », observent les plantes autour d'eux. De retour au pays, ils rapportent quelques graines de blé noir qu'ils nomment ***« sarrasin »*** *(Fagopyrum esculentum)*, – sans doute en souvenir de leurs adversaires. Cette plante (qui n'est pas une céréale comme le blé) a par la suite tellement plu au paysan breton qu'il en a fait, des siècles durant, son ordinaire. Sachez quand même qu'aujourd'hui le sarrasin de votre galette préférée a toutes les chances d'avoir été produit au Canada, pays largement exportateur. Car, dès le XVIIe siècle, en migrant au pays des caribous, le frère et le cousin de notre paysan breton avaient pris soin d'en emporter quelques graines pour les faire fructifier. Peut-être aussi pour se souvenir du pays…

belles Américaines

Nous le savons tous, Christophe Colomb découvre l'Amérique en 1492. Dès ce moment, débarquent du Nouveau Monde quantité de ***plantes comestibles*** qui se récoltent au jardin : tomate, maïs, poivron, piment, haricot, pomme de terre, topinambour… Elles nous semblent être là depuis toujours alors qu'elles n'ont, en fait, que quelques siècles de présence chez nous. Et encore ! Certaines d'entre elles ont eu beaucoup de mal à s'implanter, la suspicion paysanne étant ce qu'elle est. Par exemple, la tomate : au début, elle n'est bonne qu'à soigner la gale, à mettre du rouge vif au potager, non pas à rejoindre l'assiette. Cela n'arrivera qu'à la veille de la Révolution, soit trois siècles après Christophe Colomb. Moins méfiants, les Italiens en raffolaient, la nommant même *Pomo d'amore* ! Tout un programme…

pomme de terre

Elle aussi vécut quelques péripéties avant de devenir frite, chips, purée, hachis… Connue depuis des lustres des peuples précolombiens d'Amérique du Sud, elle est « découverte » dans les années 1550 par les Espagnols, avides d'espace, d'or et d'argent. Elle se nomme alors *papa* (et c'est encore son nom aujourd'hui dans les îles Canaries, bien placées sur la route du retour des conquistadors). Espagnols et Anglais la rapportent dans leurs pays respectifs. En France, elle est plutôt regardée de travers, car assimilée à la mandragore, au datura (de la même famille des

Solanacées) que, *via* quelques sorcières édentées, l'on soupçonne de commercer avec le diable. Et c'est seulement à la fin du XVIIIe siècle, grâce à l'entregent d'un célèbre ***Parmentier***, qu'elle finit par séduire l'ensemble de la population, élite comprise. Jusque-là, elle nourrissait les cochons qui en raffolaient ainsi que les paysans qui n'avaient rien d'autre à se mettre dans le ventre.

le monde entier dans l'assiette

Saviez-vous que, lorsque vous mangez une ***ratatouille***, vous mettez le monde entier dans votre assiette ? Voilà un plat qui réunit l'aubergine (indienne), la tomate, la courgette et le poivron (américains), l'ail (originaire des steppes de l'Asie centrale), l'oignon (certainement afghan et persique), le basilic (indien, très anciennement cultivé en Égypte, puis en Grèce), le thym et le romarin (méditerranéens), etc.

L'homme, cet apprenti sorcier

besaces, bateaux, avions…

Depuis que l'homme voyage, à pied, accroché à son bâton de marcheur, à cheval, à dos d'âne, en carriole, en bateau pour traverser les océans ou par la voie des airs, il transporte avec lui, parfois volontairement, parfois incidemment, des graines, des plantes qu'il va ensuite déposer sur son propre sol. Celles-ci vont ensuite ***circuler***, mais pas toujours pour le bien de chacun… Certaines deviennent carrément envahissantes, prenant la place des autochtones, les empêchant même, parfois, de pousser. Et n'apportent rien si ce n'est des ennuis aux riverains. De plus, elles finissent par coûter cher, car leur totale suppression demande du temps et de l'argent. Autrement dit, les éradiquer est presque toujours mission impossible.

parfois dangereuses

Les plantes voyagent donc. Par exemple, arrivée avec le blé, la folle avoine envahit depuis longtemps les champs de céréales, ce qui ne fait pas le bonheur des agriculteurs ; la berce du Caucase *(Heracleum mantegazzianum)*, introduite au XIXe siècle, fait rapidement fureur, car elle est belle et décorative – Claude Monet en plante dans son jardin de Giverny ; ou encore, l'ambroisie *(Ambrosia artemisiifolia)* qui, elle, emprunte le chemin des écoliers. Bien que récemment arrivée en France (les flores du XIXe siècle l'ignorent), et sans doute par inadvertance, elle se disperse pourtant très vite, car elle se complaît dans la terre remuée. Or, aujourd'hui, grands et petits travaux d'agriculture, d'urbanisme ou de tout autre genre remuent beaucoup de terre, et ces plantes ont parfois sur le sol qui les accueille des conséquences inattendues.

En effet, la berce du Caucase comme l'ambroisie posent ***des problèmes de santé publique***. La première, quasi géante et de toute beauté, est urticante (quand on la touche) et, à la différence de l'ortie (gentille, à côté d'elle), ses brûlures sont très douloureuses, marquant longtemps la peau. Quant à la seconde, américaine et plutôt anodine d'aspect, elle se remarque par son pollen : il suffit ainsi que vous vous trouviez dans son voisinage (le contact direct avec elle n'est pas nécessaire) pour avoir très vite envie d'éternuer, de vous moucher, de vous frotter les yeux (si bien qu'ils piquent encore plus), pour suffoquer (si vous avez de l'asthme) ou encore pour voir votre eczéma revenir. Toutes « gentillesses » dont vous vous passeriez volontiers.

décorative et envahissante

Importée d'Amérique du Sud au milieu du XIXe siècle, la ***jussie*** *(Ludwigia grandiflora* ou *L. peploides)* décore les bassins des belles demeures bourgeoises du midi de la France – de fait, elle est plutôt jolie avec ses larges fleurs jaunes. Durant près d'un siècle, elle se tient à peu près tranquille. Mais, depuis les années 1980, elle remonte les cours d'eau calmes, gagnant étangs et petits ruisseaux placides, faiblement courants. Résultat : dans certaines régions comme la Brière, elle recouvre uniformément les masses d'eau, formant, au tout début de l'automne, une nappe jaune continue.

Sans doute la plante vous plaît-elle, mais vous aurez toutes les peines du monde à vous en débarrasser. Songez qu'un seul brin (morceau de tige, par exemple) oublié près de l'eau suffit pour qu'elle aille « faire ses petits » plus loin. Car si ses graines peuvent germer, elle se multiplie aussi et surtout en se fragmentant. C'est ainsi que, *via* les pneus d'un engin de terrassement, elle va passer d'un lieu à un autre. D'où sa grande faculté à se disséminer. Sachez que, si elle est considérée comme envahissante depuis plus de vingt ans, vous pouviez, jusqu'en 2007 et en toute légalité, l'acheter dans une jardinerie, puis l'introduire dans votre mare. Voici l'un des mystères de l'administration française…

De la plante sauvage à la plante domestique

domestiquer, une nécessité

Depuis la nuit des temps, l'homme repère, cueille les plantes qu'il aime, les bricole, cherche à les améliorer, à en faire des produits conformes à ses envies. Pour cela, il domestique, sélectionne, acclimate, expérimente, modifie, diversifie. Avec le temps, les plantes ont subi de telles ***transformations*** que, parfois, le produit final, voulu et recherché, ressemble assez peu à l'original !

jolie carotte

Savez-vous que la belle carotte orange *(Daucus carota)* dont vous raffolez n'a été introduite en France qu'en 1770 ? Sa forme pimpante avait été créée en Hollande, deux siècles auparavant, sur la base de racines foncées et tendres, peu à peu améliorées. Auparavant, la carotte – originaire de l'ouest de l'Asie, elle est utilisée depuis l'Antiquité – était de couleur pourpre, violette, jaune et blanche, plutôt longue et pâle, de toucher rugueux, de goût âcre et prononcé ;

après de ***longues sélections***, elle a fini par s'arrondir, se lisser et se renforcer. Choisissez-la fraîchement cueillie et non congelée, encore moins en boîte : de cette manière, elle vous laissera tout son carotène et ses composés phénoliques, seuls garants de sa saveur.

de la chicorée à l'endive

L'endive est née de la chicorée (*Cicorium intybus* et *C. endivia)*. Jusqu'au Moyen Âge, la forme sauvage est avant tout médicinale, destinée à soigner maux d'estomac et indigestions. Mais, au XVIIe siècle, des maraîchers inventifs et curieux observent que la plante est capable de se décolorer. Ils la « forcent », fabriquant une salade qui plaît – c'est la fameuse « barbe-de-capucin » ou « cheveux de paysans » composée de longues et étroites racines. Cependant, la « vraie » endive naît deux siècles plus tard, lorsqu'un maraîcher plus malin que les autres a l'idée de produire ses propres graines à partir d'un pied de… chicorée à café. D'autres lui emboîtent le pas, deviennent « étioleurs de chicorées », célèbres dans les environs de Paris. Puis, à Bruxelles, le produit est perfectionné : voici « notre » endive, « salade » blanche bien serrée après avoir été ***artificiellement forcée***, recouverte de terre. Par la suite, elle connaît une belle expansion qui ne s'est jamais démentie.

le pois, toujours

Le pois *(Pisum sativum)* se consomme depuis la nuit des temps : des traces en sont retrouvées dès le Néolithique. Très vite, il est cultivé un peu partout : Inde, Égypte, Europe méditerranéenne… Au Moyen Âge, il est plébiscité, trompe-la-faim en temps de disette. À l'état sec, il se consomme en purée, en « pot », en mélange avec d'autres végétaux issus du jardin. Puis il verdit, devient sucré, « mangetout ». Le Roi-Soleil en raffole et, comme par hasard, ses courtisans aussi. Madame de Sévigné note : *« C'est une mode, une fureur.* […] *L'impatience d'en manger, le plaisir d'en avoir mangé, et la joie d'en manger encore sont les trois points que nos princes traitent depuis quatre jours. »*

Puis vient le temps de la sélection. Souvenons-nous : c'est avec le pois que le père de la génétique, le moine Mendel, parvient, dans les années 1860, à établir les lois de l'hybridation. Des variétés prestigieuses se créent, nommées « Prince-Albert », « Merveille d'Amérique », « Téléphone », autant d'allusions à des personnages ou faits qui ne sont pas que divers. Aujourd'hui, sur la base de ***milliers de variétés*** de pois, nous avons le choix entre pois mangetout, cassés, protéagineux (plutôt pour le bétail), en conserve, surgelés.

mal-aimés

Qu'il s'agisse du ***salsifis*** à feuilles de poireau, plutôt amer, ou de la ***scorsonère***, de saveur plus fraîche, le souvenir que je garde de ces deux légumes-racines n'est pas spécialement heureux. Dans ma mémoire, ils restent insipides, synonymes de cantines bruyantes, de repas pris à la va-vite, à moitié froids et pas toujours ragoûtants. Le premier est bien connu dans l'Antiquité grecque et romaine, mais n'arrive en France qu'à la Renaissance ; plus tardive encore, la seconde prend sa revanche au XVIIe siècle : le Roi-Soleil l'apprécie au moins autant que les petits pois. Après ? Pas grand-chose : peu d'améliorations génétiques et encore moins d'engouement… Les deux tombent dans un quasi-oubli : qui sait que la scorsonère est une racine noire qui salit les doigts ? Cela explique peut-être qu'on la préfère (lorsqu'elle est recherchée) sous la forme surgelée…

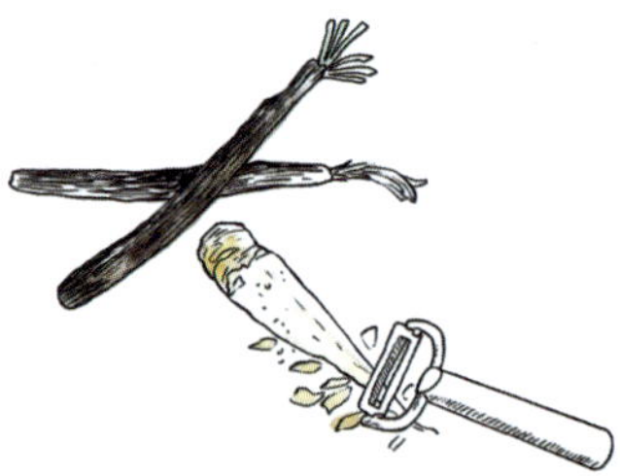

Pois *(Pisum sativum)*

Les plantes en pratique

Le monde des plantes ? J'ai commencé à le découvrir avec des fleurs toutes simples : coquelicot, bleuet, capucine du jardin, que je rassemblais en bouquets. Puis est venu le temps de l'apprentissage, de la connaissance de leur géographie et répartition, de leurs qualités aussi. Et des questions : sont-elles bonnes à manger ? peuvent-elles soigner ? et si oui, comment les préparer ? Au fil du temps, j'ai appris que les plantes étaient essentielles à la vie. Encore faut-il apprendre à les connaître et à les utiliser à bon escient !

Lieux et plantes, une étroite complicité

Les plantes agricoles cultivées

petit nombre

S'il existe des centaines de milliers d'espèces de plantes (non comprises les mousses et les fougères) à travers le monde, celles qui sont cultivées à des fins alimentaires et industrielles sont assez peu nombreuses : entre les céréales, les fruits et légumes, les huiles qui font les matières grasses et les aromates, comptez ***quelques centaines d'espèces*** tout au plus. Celles-là sont domestiquées, certaines depuis longtemps, chouchoutées, car destinées à produire pour la consommation de masse.

vastes surfaces

Ces espèces se déclinent en variétés diverses, lesquelles sont beaucoup moins nombreuses qu'autrefois. Elles sont soigneusement choisies parce que rustiques, solides, prolifiques, généreuses, colorées, précoces, etc., et parce qu'elles correspondent à un terrain particulier : calcaire, acide, sec, humide, etc. Très ***productives***, elles fournissent leurs quintaux et tonnages sur d'immenses étendues, sont éventuellement traitées le moment venu, puis récoltées avec des engins pareils à des mastodontes qui dévorent tout sur leur passage… Avec elles, nous sommes loin des moissons à la faux et à l'huile de coude, loin de ces journées chargées de fatigue physique (aujourd'hui, elle serait plutôt psychique), loin, enfin, des plantes sauvages dont, pourtant, elles descendent, en ligne presque directe.

contraintes naturelles

Mais ces plantes cultivées ne poussent pas partout, même si l'homme fait son possible pour cela. Elles demandent des ***sols*** qui leur conviennent, de la ***lumière*** en quantité suffisante, des ***pluies*** utiles, du ***froid*** ou du sec. C'est selon. Ainsi, le lin aura du mal à croître sur les terres plutôt arides de la région méditerranéenne mais se plaira en Normandie, le temps, pour lui, de faire rouir ses tiges entre deux averses. Le tournesol, lui, verra ses gros soleils se former plus facilement au sud-ouest de la France que sous les brumes nordiques : il exige surtout que l'eau soit au rendez-vous lors de la floraison, moment particulièrement crucial pour lui.

tour du monde

Que vous soyez français, indien, chinois ou péruvien, vous avez toute chance de manger des plantes de l'un ou l'autre des ***continents***. Le quinoa – sud-américain, cultivé sur les hauts plateaux – n'a plus de secret pour le Français qui en raffole ; le riz est un vieux classique mondial (pensez au riz cantonais, camarguais, thaï ou indien) ; l'orge a la préférence de la Russie, la canne à sucre revient au Brésil et à l'Inde, le soja reste surtout américain (États-Unis, Brésil, Argentine), le maïs a fait le tour du monde et le piment (sud-américain) relève tous les plats en sauce dignes de ce nom.

Et les plantes sauvages ?

des dizaines de milliers

Au contraire des plantes cultivées, les plantes sauvages se comptent par dizaines de milliers (quelques centaines, même), s'épanouissant ***partout dans le monde***. Sur les territoires français et belge, vous pouvez en compter environ 5 000 (mousses et fougères non comprises).

Certaines abondent, d'autres sont plus confidentielles, typiques d'un sol particulier, d'une quantité de pluie donnée, d'une ombre portée à une certaine heure de la journée. Du genre difficile ! Quelques-unes sont connues de tous – l'ortie, par exemple –, tandis que d'autres portent des noms impossibles à retenir, surtout lorsqu'ils se prononcent en latin. Par exemple, qu'est-ce que l'onoporde *(Onopordium acanthium)* ? Tout simplement un vulgaire chardon qui, pourtant, peut être confondu avec le cirse porte-laine *(Cirsium eriophorum)*, autre chardon de même acabit. Bref, un chardon…

chacune à sa place

Une évidence : toutes les plantes ne poussent pas au même endroit. Chacune est tributaire de ***conditions*** qui lui sont propres : sol, ensoleillement, température, latitude aussi. C'est pourquoi il est inutile que vous cherchiez l'aphyllanthe de Montpellier *(Aphyllanthes monspeliensis)* du côté d'un terril, dans la région de Lille, car, comme son nom l'indique, il fréquente garrigue et maquis provençaux. Il en est de même de la salicorne *(Salicornia europaea)*, familière des rivages salés : vous ne la trouverez certainement pas sur les grèves sableuses des étangs de Sologne ou de la Dombes. Enfin, si vous raffolcz de cette délicieuse liqueur à base de gentiane *(Gentiana sp.)*, allez passer un week-end en Auvergne ou dans les Alpes plutôt qu'au bord de la mer.

selon la saison...

Il en va de même pour la saison : il y a les plantes qui fleurissent en mars et celles, plus tardives, qui ne s'épanouissent guère avant le mois de septembre. Entre les deux, un peu avant, un peu après, d'autres se montrent, le moment venu. Certaines sont ***très précoces*** : ainsi, le tussilage *(Tussilago farfara)* – comme son nom l'indique, il chasse la toux – fleurit dès le mois de janvier, en même temps que le perce-neige *(Galanthus nivalis)* ; les deux commencent à sentir bon à la sortie de l'hiver. D'autres fleurissent durant ***une seule saison*** : par exemple, le genêt à balai *(Genista scoparia)* ne sort ses jolies grappes jaunes qu'en mai et seulement durant un temps court – une quinzaine de jours, tout au plus. Enfin, impavides, quelques plantes traversent ***tous les mois***, les froids, les tièdes et les chauds : ainsi, la pâquerette *(Bellis perennis)* ou encore l'ajonc d'Europe *(Ulex europaeus)* et ses fleurs jaune d'or à odeur de noix de coco : ces deux plantes font pratiquement le tour de l'année.

... et le lieu

Plus subtilement encore, les plantes ont des ***affinités*** entre elles. Par exemple, sur la garrigue, thym, lavande et romarin poussent de concert et vous serez certain(e) de les trouver ensemble ; près des habitations, aux sols riches en azote, se rencontrent l'ortie *(Urtica sp.)*, la bardane *(Arctium lappa)* et le chénopode blanc *(Chenopodium album)*. Ces plantes cohabitent parce qu'elles ont les mêmes exigences – de lumière, de sol et d'humidité. C'est pourquoi, si vous voyez l'une, vous avez toutes les chances de tomber sur les autres.

ancestrales

Chacune de ces plantes sauvages pousse dans des lieux qui lui sont propres. Certaines, même, peuvent évoquer des ***pans d'histoire***. Par exemple, si vous observez le fragon *(Ruscus aculeatus)*, en grande quantité dans un bois ou le long d'une haie, vous aurez raison de penser que ce même bois était déjà là au temps de votre ancêtre de la dixième génération d'avant : de fait, ce petit arbuste piquant pousse avec lenteur et, une fois installé, ne se déloge pas facilement. En conséquence, lesdits bois et haie l'abritant ont toute chance d'être également anciens. Même chose pour le buis qui, autrefois, était planté dans les jardins des châteaux. Si vous le trouvez en grande quantité en un lieu donné, cherchez les vieilles pierres : bien souvent, la ruine d'une bâtisse, hier illustre, conserve ces fameux pieds de buis. Des pieds qui, par la suite, se sont dispersés dans le voisinage, se multipliant comme des petits pains.

Fragon *(Ruscus aculeatus)*

S'initier à la botanique

Des ouvrages très complets

des flores en 10 tomes

Très prolifique sur le sujet, la fin du XIXe siècle a vu fleurir quelques ouvrages de botanique, rédigés par d'***éminents botanistes*** qui ont consacré leur vie à recenser les plantes de France, le tout, en plusieurs tomes. Gaston Bonnier, Paul Fournier, l'abbé Coste et tant d'autres qui leur ont succédé au cours du XXe siècle sont de ces scientifiques passionnés qui ont su vulgariser la botanique, science à première vue aride au néophyte. Des ouvrages au contenu précieux, mais bien lourds et encombrants. Pour ma part, après avoir herborisé sur le terrain, je retrouve ma loupe, mes ouvrages et le plaisir de me lancer dans la détermination (reconnaissance) des plantes.

déterminer les plantes

Encombrantes, ces flores sont également un peu compliquées, car elles utilisent un vocabulaire spécialisé. Pour autant, elles donnent les ***clés*** qui permettent de déterminer le principal, à savoir la famille et le genre. Ensuite, le (la) néophyte que vous êtes (peut-être) peut pousser jusqu'à l'espèce, voire la sous-espèce s'il (si elle) se pique au jeu. Par exemple, habituée de nos haies, l'églantine, genre *Rosa*, compte une trentaine d'espèces dont la détermination passe pour partie par l'aiguillon* qui est, au choix : petit, espacé, crochu, droit, vraiment courbé ou seulement un peu, grêle, arqué… Tout cela suscite de la perplexité. Mais d'autres critères, combinés, vous permettront d'aller plus avant : taille des feuilles, couleur des pétales, parfum ou non… Pour vous, le plus important est de savoir que vous avez bien affaire à une églantine : déjà, vous avez remporté votre première victoire.

à emporter avec soi

Si vous êtes vraiment motivé(e), vous avez tout intérêt à vous munir d'un bon ***guide d'identification*** (voir p. 325) que vous pourrez caser dans votre sacoche. L'avoir en main, c'est déjà vous familiariser avec le monde fabuleux des plantes. Les plus communes y sont représentées, bien dessinées et décrites avec des mots simples. Cependant, si par hasard vous tombez sur une rareté non mentionnée, ne vous découragez pas : l'essentiel est que vous approchiez au moins la famille et le genre. Ces flores sont générales aux territoires français et belge, certaines un peu plus spécialisées : par exemple, focalisées sur les plantes de la montagne, des zones méditerranéennes, des côtes de l'Atlantique…

Aller sur le terrain

voir, toucher, sentir…

Le savoir livresque est bien beau. Compter les étamines*, se pencher sur la forme des feuilles ou des carpelles* est utile, mais un peu fastidieux, voire décourageant lorsque manque la loupe (souvent nécessaire) ou que votre vue est un peu faible. Par ailleurs, la botanique est un plaisir, non un pensum ! Mieux vaut donc, pour commencer, faire confiance à vos ***sens***. Froissez une feuille entre vos mains et sentez-la : l'odeur mentholée vous orientera vers une menthe ou le calament népéta *(Calamintha nepeta)* – tous deux de la même famille des Lamiacées ; au toucher, vous sentirez que telle autre est plutôt cotonneuse ou rugueuse : vous penserez alors à la digitale (pour la première) ou à la vipérine (pour la seconde), surtout si vous gardez dans la main de minuscules, encombrants mais typiques poils piquants. En mettant ainsi vos sens en mouvement, vous prendrez plaisir à découvrir les plantes et à les reconnaître « en vrai ».

à l'heure du numérique

Mais revenons vers notre monde en mouvement. À l'heure d'Internet et du numérique, *via* votre ***smartphone***, vous avez une première possibilité : déterminer la plante que vous avez sous les yeux en la comparant à celles que vous renvoie votre écran. Quelques sites interactifs très bien faits (voir p. 327) peuvent vous renseigner, *in situ* et très précisément. Et, si vous êtes un peu curieux, vous pouvez approfondir votre recherche en surfant sur ***Internet***. Enfin, de retour à la maison, vous pouvez plus classiquement consulter la bonne vieille flore papier qui appartint à votre grand-père et qui, ainsi, a l'occasion de reprendre du service.

sentier botanique

Un peu partout en France et en Belgique, fleurissent des sentiers botaniques qui vous permettent de revenir moins bête de votre promenade. Ils se situent, de préférence, dans un parc (national), un parc naturel (régional), un espace naturel sensible (départemental) ou un site particulier (communal). De loin en loin, au long de ces sentiers, certaines plantes (mais pas toutes, car l'on s'y perdrait) sont indiquées, « panneautées », leurs caractéristiques présentées : identification, rôle dans le milieu naturel, utilisations anciennes, parfois actuelles, date de floraison, forme des fruits, rareté ou non… Le plaisir est là, le temps d'une courte promenade. Mais encore faut-il que la ***plante référencée*** soit présente toute l'année. Car au mois de novembre, vous chercherez, sans doute perplexe, l'orchis pourpre qui ne fleurit qu'en mai…

avec un smartphone

Si vous êtes accro au smartphone, allez dans un coin bien desservi en haut débit et consultez sur Internet les possibilités de promenade, elles sont nombreuses et vous n'aurez que l'embarras du choix. Certains sentiers seront alors pour vous. Ceux-là sont déjà inventoriés, balisés, intégrés dans un programme « découverte ». Il vous suffit de suivre les ***données GPS*** ainsi que les orientations proposées. Par exemple, vous devez, comme indiqué, tourner à gauche derrière l'église, puis vous engager le long du ruisseau dans un petit bois. Vous tombez alors sur un lavoir du XIXe siècle à côté duquel pousse la superbe jacinthe des bois *(Hyacynthoides non-scripta)*. Renseignements immédiatement pris sur votre smartphone, vous apprendrez qu'elle est forestière, fleurit en mai (cela tombe bien, vous êtes justement en mai) et qu'elle porte une jolie corolle bleu vif. Et ainsi de suite. N'oubliez pas, cependant, que la plante est toujours plus belle « en vrai » que derrière l'écran, et l'orignal, plus authentique que l'image virtuelle.

balade guidée

Vous avez également la possibilité d'une balade guidée. Dans ce cas, vous allez au rendez-vous fixé, rejoignez un groupe composé de membres tous plus avides les uns que les autres de mieux connaître les plantes rencontrées sur le chemin. Sous la houlette d'un ***guide expérimenté***, vous apprendrez beaucoup de choses : pourquoi telle ou telle est présente dans un bois mais absente d'un coteau saturé de soleil, à quoi elle servait autrefois… Vous reconnaîtrez les toxiques et celles qui sont bonnes à manger… Et, de retour chez vous, ravi(e), vous déciderez même d'en cuisiner quelques-unes. À ce régime, vous vous souviendrez des fleurs qui auront accompagné votre promenade.

Réaliser un herbier

comme autrefois

« *La botanique, c'est l'art de sécher les plantes entre des feuilles de papier et de les injurier en grec et en latin* », disait Alphonse Karr. À son époque (la seconde moitié du XIXe siècle), tout « vrai » botaniste se doit de créer son propre herbier. Ce qui ne l'empêche pas de se plaindre de manquer de temps et de place (déjà !). Un herbier digne de ce nom exige des ***papiers spéciaux***, si possible de grand format, donc encombrants : il en faut pour le séchage et pour la conservation. Un tel travail concerne surtout le professeur émérite, le vieux curé de campagne ou le pharmacien du village, tous savants férus de botanique, un peu moins l'apprenti botaniste.

récolter et sécher

Vous souhaitez créer un herbier ? Sachez que ce travail vous demandera beaucoup de ***patience***. Pour commencer, les plantes ramassées (par temps sec, sinon elles risquent de moisir) doivent être mises à sécher, bien à plat, entre deux feuilles de papier absorbant ou de papier journal (qui possède un peu les qualités du papier buvard). Évidemment, vous ne les avez pas arrachées ni laissées dans un sac plastique. Doivent figurer ces « pièces à conviction » indispensables que sont les feuilles, les fleurs, les rameaux et les fruits (lorsque cela est possible). Chaque plante doit être étiquetée et étalée à son aise.

Ce travail réalisé, entassez les « cahiers » de plantes les uns sur les autres et placez le tout sous une pile de livres ou une grosse pierre : ce procédé simple et peu coûteux permet la complète dessiccation des plantes. Une fois sèches (mais il faut bien vérifier le processus de dessiccation), ces dernières sont soigneusement disposées sur de nouvelles feuilles (de type Canson : papier épais et rigide) et fixées avec des bandes gommées.

identifier et conserver

Pour chacune de ces plantes recueillies, vous indiquez, d'une belle écriture déliée, le nom complet de la plante, la localité et le lieu-dit précis où elle a été trouvée, la date de la récolte, la nature du sol, l'altitude, le nom du botaniste concerné (le vôtre ou celui de votre voisin, par exemple). Si vous excellez dans l'art du dessin, croquez-en quelques-unes. Enfin, vous pouvez ***classer*** les plantes soit dans l'ordre scientifique, soit en vous référant aux lieux où vous les avez cueillies (c'est un moyen facile pour que vous vous en souveniez). Par ailleurs, surveillez les parasites (champignons, insectes) qui ne manquent jamais de venir s'intéresser de très près à votre herbier. Pour cela, voici un « truc » simple usité par les grands botanistes de la fin du XIXe siècle : passez un peu de poivre (de cuisine) sur les plantes ainsi séchées.

herbier photo

Hier nécessaire pour conserver et identifier les plantes, l'herbier papier peut, aujourd'hui, être avantageusement remplacé par l'herbier photo. Avec lui, les plantes sont fixées sur images, ce qui ***évite de les cueillir***. Commencez par les photographier dans leur environnement direct, puis zoomez sur les parties visibles : fleurs, feuilles et tiges. Parfois, les fruits demanderont une deuxième visite… L'identification en sera facilitée.

Enfin, pour bien faire les choses, n'oubliez pas d'indiquer la date et l'heure de la prise de vues ainsi que le lieu précis où se trouvait la plante.

Cueillir les plantes

Cueillette d'hier, cueillette d'aujourd'hui

cueillir

Cueillir, c'est tout à la fois ***regarder, se pencher, ramasser*** dans un lieu en général non cultivé (sauf le jardin, cas un peu différent) ; c'est, tout simplement, vous confronter à la pure nature. Vous êtes sur un chemin, dans un bois, près d'une lande et, au gré de vos envies ou de vos besoins, vous grappillez des fleurs sauvages, des graines, des plantes médicinales, des bourgeons, tous végétaux que vous allez ensuite déguster, utiliser pour vous soigner, parfumer l'armoire, décorer la pièce à vivre… Depuis la nuit des temps, la cueillette accapare l'homme et, selon les époques et la géographie, prend des formes différentes : elle est masculine ou féminine, se mène en solitaire ou en groupe, pour la nécessité ou le seul plaisir.

la main, avant tout

La cueillette, c'est d'abord votre main, qui touche et reconnaît, caresse, sent. ***Nue ou armée*** d'un couteau, d'une faucille, de simples ciseaux d'écolier, elle détache la plante de son sol, la récupère. Elle suffit pour la récolte familiale, se refusant les prélèvements en masse qui ressemblent à du pillage. Mais elle participe au grappillage lorsque, au cours d'une promenade, elle cueille tranquillement une fleur, une mûre, froisse une odorante feuille de menthe. Pour le (la) passionné(e) de telle ou telle plante, la main va tout naturellement vers « le coin » bien connu et si familier, certaine de trouver là, précisément, la fleur recherchée.

apprendre la cueillette

Personne ne s'improvise cueilleur du jour au lendemain ! ***Patience et humilité*** sont de rigueur. Car une balade, une seule conversation avec celui (ou celle) qui connaît, un bouquin vite lu, la pratique d'Internet (où l'on trouve à boire et à manger…) vous renseignant sur l'usage de telle ou telle plante ne suffiront pas pour que vous soyez, en peu de temps, totalement imprégné(e) de votre sujet. Il vous faut aussi replacer la plante dans son milieu naturel, avoir assez de temps pour l'examiner longuement, l'apprécier à sa juste valeur, être vraiment en communion avec la nature. En bref, la plante n'est pas chose virtuelle et sa pleine connaissance ne s'acquiert pas du jour au lendemain.

besoins domestiques et commerce

Hier, les cueilleurs (et plus souvent les cueilleuses) s'en allaient tôt le matin battre la campagne, panier sous le bras et petit couteau à la main. Ils savaient « les coins » où trouver les plantes aromatiques utiles, les herbes sauvages pour assaisonner la salade, les médicinales pour la tisane, la décoction ou le cataplasme.

C'était hier. Car aujourd'hui, la cueillette peut être professionnelle, ou bien un moyen de mettre « un peu de beurre dans les épinards ». Plantes médicinales pour des remèdes, racines* pour des liqueurs recherchées (par exemple, la gentiane) entrent peu à peu dans une ***logique commerciale***. Les besoins des citadins sont énormes : parfums, cosmétiques, liqueurs, confitures, médicaments de bien-être… Certaines plantes sauvages sont spécialement recherchées, prélevées en quantité, vendues à des intermédiaires qui se chargent de les commercialiser avec profit. D'autres entrent au laboratoire et en ressortent sous la forme de sachets, pots, gélules, suppositoires, jolies bouteilles parfumées… Celles-là sont en général cultivées en grand, faisant l'objet d'un contrat entre l'agriculteur qui produit et l'industriel qui transforme : ainsi, la bourrache, l'onagre, le thym et, bien sûr, la lavande.

Les règles d'or du promeneur-cueilleur

éviter la collectionnite

Il fut un temps – à la fin du XIXe siècle – où nombre de botanistes, amateurs ou éclairés, avaient la manie de la collection : c'était à qui, le premier, découvrirait telle ou telle plante rare, irait la prélever sur le terrain, la serrerait ensuite amoureusement dans son herbier avant de l'exhiber fièrement au confrère qui n'avait pas eu sa chance. Et cela, sans se préoccuper le moins du monde des conséquences de ce ***pillage*** sur l'avenir de ces plantes : comme celles-ci n'étaient pas encore protégées, leur cueillette ne faisait pas l'objet d'une éventuelle réprimande. Edelweiss des Alpes *(Leontopodium alpinum)*, lis martagon *(Lilium martagon)* et autres magnifiques fleurs ont ainsi fait les frais de ces collectionneurs un peu maniaques.

respecter la loi

Mais les choses ont changé. Sachez que, rares et/ou menacées de disparition, certaines plantes sont protégées : sur le plan national (pour les plus rares) et régional ; elles entrent aussi dans une ***Liste rouge****. Il est donc, sous peine d'amende, interdit de les cueillir. Vous n'êtes plus au temps de votre arrière-grand-père et de ses rafles de plantes à coller dans l'herbier. Dès lors, mieux vaut vous munir de la liste des espèces concernées… À condition de savoir les identifier ! Dans le doute, contentez-vous de les admirer et de les photographier. Elles ne s'en porteront que mieux… D'autant que d'autres facteurs – urbanisation, pollution, agriculture intensive, enrésinement, etc. – se chargent déjà de les détruire. Il est donc inutile que vous en rajoutiez.

ne pas piétiner

Certains sites sont recherchés : par exemple, bien exposées au soleil sur des sols secs et maigres, les pelouses calcaires et leurs célèbres orchidées (parfois protégées). Au mois de mai (période de pleine floraison), elles sont le rendez-vous préféré des botanistes et des photographes, soucieux de réaliser le cliché du siècle. Sans vraiment regarder où ils mettent les pieds, ils posent leur sac, s'allongent, pointent leur objectif… tant et si bien que ladite pelouse finit en champ de bataille, herbes écrasées et jolies fleurs sans vie. C'est pourquoi, si vous souhaitez photographier des orchidées, regardez bien autour de vous : presque toujours, elles seront accompagnées d'un cortège de plantes qui ne vous intéressera peut-être pas. Il n'en mérite pas moins votre ***respect***…

se contenter de peu

Ce n'est pas parce qu'il fait beau aujourd'hui, que la nature est belle, pleine de plantes (non protégées, bien sûr) à ne savoir où donner de la tête qu'il faut en ramasser en quantité. Cueillir la nature, c'est très agréable, bucolique aussi, mais la respecter, c'est encore mieux. C'est pourquoi, si vous avez l'intention de préparer une gougère farcie au chénopode blanc pour la tablée du soir ou fabriquer un vin d'aspérule odorante en prévision de l'hiver à venir, ne prélevez que ***les seules quantités dont vous avez besoin***. La nature ne s'en portera pas plus mal, et vous non plus. Ayez le pied léger, le regard acéré, et tout ira bien !

respecter les propriétés privées

Vous n'êtes pas toujours, et même rarement, chez vous ! Au cours d'une promenade sur un sentier, il peut vous prendre l'envie de faire une petite échappée dans le bois d'à côté, la prairie piquetée de milliers de fleurs tentantes ou d'aller pique-niquer au bord de la rivière. Sachez que la plupart de ces lieux n'appartiennent pas à la collectivité, mais à des particuliers qui ne voient pas toujours d'un bon œil ces intrusions. *A fortiori* si elles sont motivées par la cueillette... Dans ce cas, mieux vaut ***contacter les propriétaires*** et leur faire part de vos envies et besoins.

Sachez aussi que vous n'êtes pas les seul(e)s à vouloir sortir « prendre l'air » et que des milliers de citadins dispersés dans la nature, même publique (par exemple, les forêts domaniales proches des villes), peuvent être, en un site donné, sources de pillage des plantes et engendrer des dégradations (dues à des cueillettes intensives : ainsi, le muguet ou les premières jonquilles).

respecter les règles de cueillette

Si vous cueillez des plantes, c'est forcément dans un but avoué : alimentaire, médicinal, de décoration. Dans ce cas, choisissez-les de ***belle allure***, non difformes. Et, avant de les utiliser, veillez à les laver comme il se doit. Par ailleurs, il est bon de savoir que feuilles et fleurs sont plus riches en sucs le matin, tandis que les racines* ont la préférence du soir. Mieux vaut prélever les plantes en tenant compte de ces ***rythmes journaliers***. De même, n'attendez pas que la fleur soit pleinement épanouie, voire sur le point de se faner, pour vous décider à la cueillir : car c'est ***juste avant la floraison*** qu'elle donne le maximum.

cueillir au bon moment

Infatigables ramasseurs de plantes (puisqu'elles les faisaient vivre), les anciens savaient que celles qui fleurissent au tout début de l'été sont au meilleur de leur forme : autrement dit, au ***solstice d'été*** (24 juin). C'est donc surtout ce jour-là qu'ils s'en allaient battre la campagne, à la recherche de leurs « simples ». Parmi eux, le millepertuis *(Hypericum sp.)*, également nommé « herbe de la Saint-Jean » : ils le cueillaient à midi sonnant, à l'heure où le soleil est à son zénith. Puis, sur sa base, ils fabriquaient un remède efficace (il l'est toujours) contre les brûlures – celles dues au soleil, justement, à l'eau bouillante ou à la flamme de la cheminée.

Des bouquets qui durent

fleurs des champs

Lors d'une promenade dans la nature, vous avez la légitime tentation de cueillir les fleurs du talus afin d'en faire un joli bouquet. Le souvenir restera dans un vase coloré et odorant, bien en vue, qui racontera la délicieuse journée passée à l'air libre. Sachez seulement que certaines plantes ne tiennent pas vraiment : superbes et tentantes lors de la cueillette, elles sont déjà tristement ***flétries*** lorsque vous mettez la clé sur la porte de la maison… Par exemple, le fragile géranium herbe-à-Robert *(Geranium robertianum)* ou la forestière anémone des bois *(Anemone nemorosa)*. Mieux vaut vous en tenir à quelques valeurs sûres, déjà connues. Et en petite quantité, bien évidemment.

fleurs séchées

Et pourquoi pas un bouquet de fleurs séchées ? Ces fleurs-là ont l'avantage de s'installer dans la ***durée***. Comme pour les plantes à destination médicale, il vous suffit de les cueillir le matin (une fois la rosée dissipée), de supprimer les feuilles abîmées et de les sécher dans un lieu sec, bien aéré, à l'abri des rayons lumineux. Là, vous les suspendez en bouquets, têtes en bas – ainsi, elles conserveront leurs couleurs d'origine. Si l'opération est bien menée, vous pouvez espérer faire la soudure entre le bouquet de cette année et celui de l'année suivante.

compositions florales

Au bout de quelques jours (parfois semaines) de séchage, de vos doigts d'artiste vous faites sortir de belles compositions pleines de gaieté : pots-pourris, paniers d'osier suspendus remplis de fleurs… Vous les apprécierez, surtout l'hiver (car du printemps jusqu'à l'automne, surtout si vous avez un jardin ou vivez à la campagne, vous pouvez aussi raisonnablement compter sur des bouquets de fleurs fraîches). Et ces compositions se conserveront d'autant mieux que vous les maintiendrez dans une ***atmosphère adéquate***, à la fois chaude et sèche.

plumeau et cigare

Vous vous dites que certaines plantes feront de charmants bouquets, appelés à durer. Par exemple, le gynérium *(Cortaderia selloana)*, ou « herbe de la pampa », qui trône sur la pelouse dans un jardinet sur deux ; ou bien la massette *(Typha angustifolia)*, aux fleurs femelles plus grosses que les mâles, qui, elle, se cueille sur les bords d'une mare. Si la première ressemble à un plumeau et la seconde à un énorme cigare brun, elles ont en commun de porter des fleurs qui, une fois écloses, sèment leurs graines par milliers. Dans le confinement de la maison, ces graines passent du vase au canapé, au tapis d'Orient, se garent sous un meuble, volettent tranquillement dans l'air léger… et agacent votre balai. Au final ? Des bouquets finissant en tristes quenouilles dépouillées… Un bon conseil : pour préserver vos bouquets secs et éviter que la poussière ne s'y dépose, vaporisez-les de ***laque à cheveux***. Ou bien soufflez doucement dessus avec votre séchoir (toujours à cheveux), en mode air froid.

Attention, danger !

jamais totalement inoffensives

Prenez n'importe quel ouvrage sur les plantes : tous vous diront que, pour naturelles qu'elles soient, elles possèdent quelques propriétés ***plus ou moins violentes***, qui risquent de ne pas vous faire du bien. Par exemple, s'il est un excellent « épinard » à cuisiner chez vous, le modeste chénopode blanc *(Chenopodium album)* ne vous vaudra rien et vous fera même du mal si vous êtes arthritique ou rhumatisant(e). C'est pourquoi vous devez, au préalable, connaître votre corps, ses propres forces et fragilités et, bien sûr, avant de toucher la plante, voire de l'utiliser, savoir à laquelle vous avez affaire.

attention à la pollution...

Ce n'est pas parce que vous partez en balade dans la nature que vous ne rencontrerez pas de pollution. Toutes les plantes, y compris les plus sauvages poussant en des lieux très reculés, peuvent la subir. Cela dit, et c'est du bon sens, évitez de cueillir les plantes en certains ***endroits précis*** : par exemple, dans le voisinage d'usines crachant leur fumée, sur les berges des chemins agricoles bordant un champ aspergé de pesticides ou encore sur des bas-côtés routiers qui voient défiler des milliers de voitures au quotidien, laissant derrière elles quelques particules fines chargées de métaux lourds et autres douceurs – additionnés, cela fait beaucoup pour une seule plante riveraine ! Mais peut-être y avez-vous pensé…

… et aux maladies !

Moins connues, mais tout aussi dangereuses pour la santé, sont les maladies invisibles que transmettent les animaux, sauvages ou domestiques. Achetez le cresson au marché, mais ne le cueillez pas au pied de cette source où, peut-être, a bu un troupeau de moutons : vous pourriez attraper la ***douve du foie***, une maladie mortelle.

Si tentantes soient-elles, ne ramassez pas les fraises des bois au ras du sol, elles ont pu être souillées par les déjections d'un renard, porteur d'une maladie au nom compliqué, l'***échinococcose alvéolaire*** (« le ver du renard »), elle aussi mortelle. D'autant plus dangereuse qu'elle n'apparaît que bien des années après l'ingestion des fruits, faite au cours d'une sympathique promenade entre amis (oubliée depuis).

Au retour d'une promenade en forêt, assurez-vous qu'une méchante tique ne vous a pas piqué(e), car elle peut vous transmettre la ***maladie de Lyme*** (le soir avant la douche, un examen complet de votre anatomie pourra vous rassurer).

allergisantes

Certaines plantes sont allergisantes : j'ai déjà évoqué la berce du Caucase ou l'ambroisie (voir p. 37). Mais il en est d'autres, plus anodines, qui, mine de rien, vont susciter chez vous une ***dermite des prés.*** Il s'agit d'une réaction de la peau (avec boutons et boursouflures dessinant, bizarrement, des brins d'herbe) qui se développe lorsque vous vous trouvez en contact avec trois éléments conjugués : le soleil, l'eau (la sueur en fait partie) et la plante. Sur ce sujet, le fenouil, le liseron ou le panais sont plutôt efficaces : ils contiennent des furocoumarines, phototoxiques. Le sachant, il vous suffit de ne pas vous allonger par un jour de grand soleil sur l'herbe un peu humide, tout près d'un beau panais ou d'un liseron entortillé.

toxiques

Plus grave est l'ingestion de plantes ou de parties de plantes particulièrement toxiques : le ***colchique*** *(Colchicum autumnale)*, si joli dans les prés d'automne ; la ***digitale pourpre*** *(Digitalis purpurea)*, dévoilant ses clochettes pourpres sur les talus acides ; l'***ellébore fétide*** *(Helleborus foetidus)*, à la lisière d'un bois ; ou encore le ***séneçon vulgaire*** *(Senecio vulgaris)*, familier des décombres. Plus magnifiques les unes que les autres, on leur donnerait le bon Dieu sans confession, or toutes sont toxiques – surtout les trois premières (mais pas pour les mêmes raisons). Il suffit ainsi de mâchouiller une feuille, de lécher vos doigts après les avoir touchées ou encore – cela s'est déjà vu ! –, de boire l'eau du vase dans lequel ces charmantes plantes ont fait un court séjour, pour ressentir des troubles qui peuvent vous mener droit aux urgences.

jolies fleurs, fruits toxiques

Et que dire de ces gracieuses fleurs aux fruits toxiques ? Si odorant, le ***muguet*** fait illusion : ses baies rouges attirent les enfants qui, lors d'une sortie en forêt, peuvent, en toute innocence, en avaler quelques-unes, leur ayant trouvé une forte ressemblance avec les groseilles croquées, l'été précédent, dans le jardin de Grand-Père. Ou bien les fruits de l'***arum*** *(Arum maculatum* et *A. italicum)*, globuleux, luisants et très rouges, eux aussi réunis en un épi compact, appétissant. En tout cas, trop tentants pour qui ne les connaît pas.

Sécher, conserver et transformer

Sécher et stocker

quelques principes

À savoir : une plante fraîchement cueillie, c'est un certain pourcentage d'eau (entre 60 et 80 %). D'où la nécessité, si vous souhaitez la sécher, de ne pas en rajouter en la cueillant, par exemple, après une bonne pluie ou au petit matin, lorsqu'elle dégouline encore de rosée. De ce point de vue, la sortie est préférable par ***beau temps ensoleillé*** (de plus, meilleure pour le moral).

Une dessiccation réussie suppose deux choses : que la plante n'ait pas noirci (ce qui serait mauvais signe) et qu'elle ait perdu en volume. Même sèche, elle garde encore 10 % de son eau. Mais au toucher, vous ne devez discerner ***aucune trace d'humidité***.

un bon séchoir

Un bon séchoir ? C'est d'abord un lieu où ne règne aucune humidité (Monsieur de Lapalisse n'aurait pas dit mieux…). Autrement dit, un lieu ***sec et aéré, assez chaud, dans lequel l'air circule librement***. L'été, un grenier mal isolé fait bien l'affaire, car il capte la chaleur.

À défaut, vous pouvez utiliser un déshumidificateur qui pompera l'humidité de l'air.

Puis vous déposez vos plantes sur des claies finement grillagées, elles-mêmes appuyées sur des cageots de fruits ou de légumes que vous aurez récupérés à la sortie de votre (super)marché préféré.

attention aux parasites !

Un séchoir, c'est aussi, malheureusement, un lieu où les plantes mises à sécher peuvent subir l'attaque d'***insectes*** parasites. Soyez alors prévoyant(e)s : suspendez ici ou là quelques bouquets de tanaisie, de lavande, d'absinthe ou de menthe pouliot qui ne plairont pas du tout à ces visiteurs indésirables (voir p. 142).

des récipients adéquats

Une fois sèches, vos plantes doivent être remisées dans des récipients parfaitement étanches, bien bouchés. Ils peuvent prendre la forme d'une boîte en bois ou en carton fort, mais aussi d'un sachet de toile comme de papier solide. Vous pouvez également choisir des bocaux, à condition qu'ils ne soient ***pas transparents***, car les plantes s'abîment à la lumière.

et le congélateur ?

La congélation est utile pour les ***plantes condimentaires*** que l'on souhaite utiliser durant l'hiver : plutôt que de vous lamenter devant le trop-plein de cerfeuil, basilic et autre estragon qui, l'été, parsèment les plates-bandes de votre potager, pourquoi ne pas leur faire faire un petit séjour au congélateur ? Auparavant, vous les aurez soigneusement lavées, puis essorées dans un panier à salade et séchées avec du papier absorbant. Faites-en des petits paquets. Certes, elles n'en ressortent pas aussi fraîches que lorsque vous venez juste de les cueillir, mais, au moins, elles gardent l'essentiel, à savoir leur parfum.

Sèches, archi-sèches !

fleurs

Sitôt cueillies, sitôt mises à sécher ! Il arrive alors que les fleurs deviennent ***plus foncées*** : rien de grave, si elles conservent leur couleur primitive ; il en va de même du parfum qui peut subtilement évoluer. Si vous récoltez les sommités fleuries (feuilles et fleurs mêlées), vous pouvez aussi les pendre en bouquets, tête en bas, comme du linge mis à sécher.

feuilles

Récoltées un peu ***avant les fleurs***, les feuilles subissent le même traitement. Insérées sur la tige, elles peuvent être simples ou composées, alternes ou opposées, ou encore disposées en verticilles*, grandes, petites… Si elles sont grandes et charnues, vous pouvez les enfiler comme des guirlandes ; mettez-les alors à sécher pareillement. Auparavant, vous aurez veillé à supprimer les parties abîmées, flétries. Soyez radical(e) ! Il suffit d'un seul petit morceau pourri ou simplement gâté pour que la feuille entière soit contaminée.

racines, bulbes, rhizomes...

Tout ce qui est enterré : racines*, bulbes*, rhizomes*, tubercules* (autrement dit, les organes de réserve) est également intéressant. Mais, souvent, les parties sont charnues, gorgées de substances nutritives, donc humides. Il faut donc commencer par les examiner, les laver (elles sont souvent terreuses), les débarrasser des parties abîmées ou souillées, puis les couper en ***petits morceaux***, car elles ne peuvent être disposées telles quelles sur la claie. Mieux vaut les prélever hors période de végétation (au tout début du printemps ou à l'automne, lorsqu'elles auront fructifié), d'où la nécessité d'avoir, au préalable, bien repéré les sites où elles se trouvent…

fruits secs et graines

Vous connaissez sans doute les graines de tournesol qui se consomment comme des cacahuètes : sachez que les babouchkas (grands-mères) russes en raffolent, tout comme les oiseaux. À côté, vous trouvez aussi les graines de lin, les lentilles, les haricots secs. Toutes ces graines sont riches en protéines, oméga-3 (le lin, surtout) et acides aminés essentiels. Contrairement aux parties « humides » de la plante (fleurs, feuilles, racines*…), elles peuvent être ramassées à la rosée (elles contiennent peu d'eau). Elles se conservent dans des ***bocaux hermétiques***, et ce, durant plusieurs mois.

durée de séchage

La durée du séchage est ***variable*** : de quelques jours à quelques semaines. Elle dépend des conditions dans lesquelles il se fait, de l'humidité extérieure, du lieu, etc. Mais surtout, avant de mettre en magasin, il importe que la plante soit parfaitement sèche : elle doit alors avoir perdu en volume (normal, une partie de son eau s'est évaporée !) et pouvoir se briser entre les doigts (ce que vous sentez au toucher). Une plante ainsi séchée peut se conserver d'une année sur l'autre sans pour autant perdre ses qualités nutritives et/ou médicinales.

mettre en magasin

Le tout sera remisé dans un ***lieu dédié*** : placard, petite pièce propice de la maison ; autrement dit, tout lieu adéquat qui ne reçoit pas les rayons du soleil, n'est pas sujet à l'humidité et ne risque pas de recevoir la visite de parasites (voir p. 89).

Ça bout, ça trempe, ça infuse…

décoction

La décoction se pratique sur les ***parties les moins tendres*** de la plante : écorce, racine* ou rhizome*, graines… Pour libérer leurs principes actifs, elles doivent subir une longue ébullition, ce qui, en même temps, présente l'inconvénient de les faire disparaître (la chaleur ne leur convient pas toujours). Tout est donc dans le dosage !

Dans une casserole, à feu doux, mettez à bouillir les éléments que vous souhaitez consommer, durant 3 à 5 minutes. Hors du feu, laissez reposer jusqu'à refroidissement, puis filtrez. Vous pouvez conserver cette décoction quelques jours au réfrigérateur.

infusion

Il n'y a rien de plus simple qu'une infusion ! Dans un récipient résistant à la chaleur (en verre ou en porcelaine), déposez les ***parties tendres*** de la plante qui vous intéressent (fleurs, feuilles…), puis versez une certaine quantité d'eau frémissante. Laissez infuser de 5 à 10 minutes – la plante dégagera alors ses meilleurs principes. N'attendez pas pour la boire et ne cherchez pas à la conserver plus de 12 heures. De toute façon, il ne faut jamais faire réchauffer une infusion. Et, bien sûr, buvez-la telle quelle, en oubliant le sucre raffiné. Préférez-lui le miel ou le sirop d'érable, d'autant qu'ils sont riches en vitamines et sels minéraux. Ce qui ne fait jamais de mal !

macérat

Avec le macérat, il s'agit de laisser tremper dans l'eau (à température ambiante) ***certaines parties de la plante, préalablement broyées***. L'eau est un solvant efficace permettant l'extraction des principes actifs essentiels. Versez-la sur les végétaux broyés dans un récipient en verre ou en porcelaine opaque (la lumière ne doit pas le traverser), puis remisez celui-ci en un lieu abrité du soleil. Comptez 12 heures pour les parties tendres de la plante (feuilles, fleurs) et le double pour les parties plus dures (racines*, tiges).

Huiles et vinaigres, sirops et liqueurs

de l'huile et des herbes

L'huile conserve très bien les plantes. Laquelle utiliser ? Tout simplement, celle qui est produite près de chez vous, ***biologique*** si possible : colza, tournesol, pépins de raisin, olive… Oubliez les huilcs africaincs (arachide ou argan).

Après avoir lavé puis séché les plantes fraîchement coupées, disposez-les dans une bouteille en verre (propre, cela va de soi !), de préférence teintée. Remplissez-la d'huile, bouchez-la, puis remisez-la dans un lieu frais, à l'abri de la lumière. Au terme d'une infusion de 3 à 4 semaines, filtrez et transvasez le liquide dans une nouvelle bouteille. Ainsi parfumée aux herbes du jardin, l'huile assaisonnera agréablement vos salades. En hiver, vous retrouverez ainsi un petit goût de l'été, de sa lumière et de ses chaleurs, de ses petits bonheurs… Pour ma part, j'aime associer les produits selon leur origine géographique : le basilic et l'huile d'olive, le cerfeuil et l'huile de colza ou de tournesol. Sans doute parce qu'ils évoquent un sol et un climat particulier : le sud n'est pas le nord.

et le vinaigre ?

Avec le vinaigre, de vin, de cidre ou d'alcool, ***tout est possible***, sachant que le troisième est de goût plus neutre, mais plus fort, et que les deux premiers se ressentent de leur origine : raisin et pomme. À voir, selon les préférences de chacun… Pour ma part, concernant les cornichons, j'utilise le vinaigre blanc que j'aromatise ensuite aux petits oignons (blancs), à l'estragon et autres herbes aromatiques (selon mon humeur).

L'estragon, les pétales de rose, la framboise, la pimprenelle ou la violette parfument agréablement le vinaigre. Il suffit d'en verser 1 l, tiède de préférence, sur une poignée d'herbes fraîchement cueillies (environ 120 g) et écrasées (afin qu'elles libèrent leurs arômes), de laisser macérer durant 2 à 3 semaines, de filtrer, et le tour est joué.

Ainsi, le vinaigre de pimprenelle se prépare sur la base d'un macérat de graines écrasées. Ensuite, le vinaigre parfumé – la bouteille étant bien bouchée – est remisé dans un lieu sombre et frais (pour cela, la cave est idéale) durant plusieurs mois. Par la suite, il peut se conserver plusieurs années.

sirops

Certaines plantes sauvages se prêtent très bien à la confection de délicieux sirops. Parmi elles, la violette, le coquelicot, le pissenlit, le lierre terrestre, et j'en passe.
La manipulation est ***simple*** : vous pesez quelques dizaines de grammes de la plante choisie, laissez macérer dans 1 l d'eau, filtrez, ajoutez du sucre (environ 1 kg par litre), portez le tout à ébullition durant 5 minutes. Puis vous versez le liquide encore chaud dans une bouteille qui, bien sûr, sera fermée hermétiquement. Ce sirop se garde plusieurs mois, mais une fois la bouteille ouverte (bien conservée au réfrigérateur), il faut le consommer dans les 2 ou 3 semaines qui suivent. Si vous souhaitez vous lancer dans la réalisation d'un sirop, reportez-vous p. 180, 203, 272.

douceurs sucrées

Faites-vous confiseur… Bien des plantes se prêtent ainsi à transformation : la menthe et l'angélique, la mauve et la primevère. Toutes les saisons sont convoquées.
Les recettes sont ***nombreuses***, basées sur un mélange de blanc d'œuf et de gomme arabique dissoute dans de l'eau tiède, un temps de préparation étalé sur 48 heures (les plantes doivent s'imprégner de la préparation), du doigté et du goût. Mais la dégustation est ensuite au rendez-vous et, avec elle, les compliments. (Pour les recettes, reportez-vous p. 220-227.)

liqueurs

Si « l'abus d'alcool est dangereux pour la santé », son utilisation pour conserver la saveur de certaines plantes n'est pas forcément déconseillée. Car, chacun le sait, tout est affaire de dosage, d'équilibre. Dans l'alcool, se croisent ainsi quantité d'herbes (menthe, tanaisie, sureau…), préparées à la ***maison*** par des gens qui ont l'amour des bonnes choses. La méthode reste la même, basée sur la macération de ladite plante dans le liquide en question, vin ou liqueur. Seul change le titrage : faible ou carrément fort. Si vous souhaitez tester quelques recettes, reportez-vous p. 180-181, 200-201, 226.

En général, cette boisson possède les qualités suivantes : elle est maison, naturelle, indemne de toute chimie, conforme à une fameuse recette jalousement gardée et que se transmettent les générations. Une telle boisson ne se refuse jamais, et vous repartez, des étoiles dans les yeux, le goût tranquille du vin dans la bouche. Au final, les papilles et le cœur contents.

Romarin
Melisse
Serpolet
Belladone
Sauge
Menthe Crépue
Menthe Poivrée

La plante dans tous ses états

Parfois alimentaires, médicinales, mais aussi magiques, emblématiques… Voici un pot-pourri de plantes aux destins singuliers. Tantôt aimées ou repoussées, recherchées ou ignorées, vénérées ou maudites… Mais toutes ont du sens : dans l'histoire, réelle et symbolique, dans la vie de tous les jours, d'hier, d'aujourd'hui, de demain et peut-être d'après-demain, qui sait ? Pour de nouvelles applications. Pour moi, ces plantes disent et suivent l'évolution de notre monde, sans cesse changeant.

Plantes vénérées ? C'est selon !

Plantes magiques, plantes de sorcières

magiques ?

Elles nous escortent depuis la nuit des temps. « Herbes du diable », « herbes des sorciers », « herbes des démons » : voici des plantes qui, dans l'histoire, ont accompagné les philtres magiques des sorciers. Elles sont en général toxiques, peuvent abattre un âne aussi vrai qu'un coup de marteau sur le crâne, mais elles développent aussi des ***particularités*** qui, tôt dans l'histoire, ont enflammé les imaginations. Elles sont dites « magiques » parce qu'elles participent à des rituels et incantations, suscitent transes, danses échevelées et stupeur, avant que leur utilisateur ne se laisse transporter en des contrées qu'il pense merveilleuses, mais dont, presque toujours, il revient passablement ahuri. Mieux vaut les éviter !

alcaloïdes

Datura, jusquiame, mandragore, belladone…
Ces plantes de la famille des Solanacées (à laquelle

appartiennent aussi la tomate et la pomme de terre) contiennent des alcaloïdes nommés atropine, hyoscyamine, scolopamine… tous plus ***dangereux*** les uns que les autres. Par exemple, l'ingestion de 5 g de feuilles de datura suffira pour vous envoyer dans l'autre monde en quelques heures. Et pourtant, quoi de plus beau qu'un datura ? Ses fleurs blanches éclatantes en forme de trompette et son parfum sublime ne peuvent que vous séduire !

tueurs en série

Un peu d'histoire. À la Renaissance, en Italie, la célèbre famille Borgia vit au rythme de morts bizarres et inexpliquées (aux yeux du monde, pas des siens). Rodrigo, censé être un saint homme puisque pape, mieux connu sous le nom d'Alexandre VI, mène alors une vie plus scandaleuse que religieuse, de même que son fils, l'ambitieux César. Tous deux font partie de ces hommes peu scrupuleux – le mot est faible – qui n'hésitent pas à envoyer *ad patres* les voisins, cousins, frères et sœurs susceptibles de leur porter ombrage. Pour cela et sans véritable état d'âme, ils utilisent un ***savant mélange*** d'arsenic, de mercure, de pavot, d'aconit, de jusquiame, de ciguë… toutes substances qui, même à doses infinitésimales, sont capables de jeter à terre le cheval le plus costaud.

pour de grands yeux

À la Renaissance, pour complaire à l'homme d'une vie (d'un mois ou d'un jour), les grandes et belles dames amoureuses n'hésitent pas à se blanchir le teint et à rendre plus profondes, plus mystérieuses, les discrètes œillades qu'elles lancent à qui de droit. En bref, à accentuer la grâce de leur personne. Elles cherchent donc à agrandir leurs pupilles et, pour cela, utilisent la ***belladone*** *(Atropa belladonna)*, que les Italiens nomment *Herba bella* ou *Bella donna* (« belle dame »). Une belladone dont il faut bien que vous appreniez à vous méfier tant ses propres charmes sont trompeurs, notamment ses baies, qui ressemblent à de grosses cerises, luisantes et juteuses à souhait, mais sont hallucinogènes et, à forte dose, mortelles.

poison violent

La ***jusquiame*** *(Hyoscyamus niger)* n'attire pas vraiment l'attention… Plutôt du genre ordinaire, elle pousse dans les décombres, sur les bords des chemins. Elle se remarque facilement : feuilles larges et visqueuses, couvertes de longs poils collants, odeur fétide, fleurs à peine jaunâtres veinées de violet, tout le contraire du magnifique datura. Mais prudence ! car elle aussi est un poison violent. Déjà, Pline l'Ancien mettait en garde un possible utilisateur :

« Cette plante a, comme le vin, la propriété de porter à la tête et de troubler l'esprit… » Sûrement. Mais en plus radical que le vin… Donc, si vous passez près d'elle, évitez-la et contentez-vous de la regarder de loin.

mortelle

« Il porta la coupe à ses lèvres et la vida jusqu'à la dernière goutte avec une aisance et un calme parfait. » Socrate fut condamné à mort et, comme le voulait la coutume grecque, un poison lui fut administré. Lequel ? Très vraisemblablement, la ***ciguë** (Conium maculatum)*, qui contient un alcaloïde puissant (pourtant, elle appartient à la même famille que la douce carotte). Avec lui, le corps se paralyse, le regard devient fixe et le mouvement convulsif. La mort intervient au terme de quelques heures.

Si vous passez au fond d'un pré humide, que vous voyez une belle plante avec des feuilles semblables à de la fine dentelle, des ombelles blanches, une tige verte semée de taches rouges, alors vous avez certainement rencontré la grande ciguë. Dans ce cas, contentez-vous de la manger des yeux…

Ce que disent les fleurs

langage des fleurs

Depuis l'Antiquité, l'homme dit ce qu'il a sur le cœur, imagine, interpelle toutes sortes de passions, d'impressions… Comment dire que l'on est amoureux mais timide, que l'amour faiblit, que l'on veut rompre ou signifier que, l'amourette terminée, l'on restera malgré tout amis ? L'on se parle par fleurs interposées. À l'heure de Facebook, pourquoi ne pas remettre au goût du jour ce langage ***délicieusement suranné*** ? Petit florilège…

des fleurs pour le dire

Vous êtes amoureux fou ? Offrez une rose rouge, ***symbole*** de votre amour si passionné (ce qui ne signifie pas qu'il sera éternel). Vous aimez d'amour tendre ? Choisissez la rose de couleur rose, la personne comprendra. Vous aimez mais ne savez pas si votre dulcinée éprouve un sentiment similaire ? Tentez la rose blanche : en filigrane, vous lui ferez entendre que vous êtes vraiment digne d'elle. Si vous faiblissez, la rose sera jaune. L'être aimé vous semble indifférent ? Une gentiane lui apprendra votre mélancolie.

Et si, décidément, votre bonheur dure avec votre moitié, optez pour l'azalée.

un peu, beaucoup...

« *Vous vous souvenez, madame, de ces marguerites que les enfants effeuillent brin à brin ? Beaucoup, disent-ils à la première feuille ; passablement à la seconde, et, à la troisième, pas du tout.* » (Alfred de Musset).

La ***marguerite***, la pâquerette, le pissenlit aussi dont on retire les nombreux pétales dans l'espoir de... Les enfants que nous avons été ont, un jour ou l'autre, délicatement extrait le pétale blanc ou jaune, porteur du bonheur à venir, de l'espoir d'un amour partagé. Aujourd'hui encore, et c'est tant mieux, les jeunes adorent souffler sur les aigrettes* vaporeuses des pissenlits filant dans le vent léger... Savent-ils que, ce faisant, ils aident le pissenlit à disperser ses graines au loin et à se perpétuer ?

une horloge florale...

Les botanistes et jardiniers qui observent les fleurs ont, depuis longtemps, remarqué que certaines d'entre elles ne s'ouvrent ou ne se ferment qu'à des ***moments précis*** : ainsi le salsifis des prés *(Tragopogon pratensis)* se rétracte dès que le soleil est au plus haut ; la bien nommée dame-d'onze-heures *(Ornithogalum umbellatum)* éclot en fin de matinée en même temps que la mauve *(Malva sp.)*, tandis que le souci des champs *(Calendula arvensis)* s'épanouit en principe 2 heures plus tôt, juste précédé du mouron rouge *(Anagallis arvensis)*. À une époque où, dans les campagnes, seul le cadran solaire donnait l'heure – à condition de se trouver près de lui –, où la montre n'existait pas et où le doux son de la sirène ne se faisait pas encore entendre, le système avait du bon…

… oui, mais…

Néanmoins, le système ne vaut qu'à la saison où fleurissent lesdites plantes : par exemple, le mois de mai pour les deux premières car, avant et après, elles ont disparu de leur pré carré, ayant laissé la place à d'autres. De plus, elles sont sensibles aux variations de température ou de lumière, si bien que la fameuse horloge peut ***avancer ou retarder***. Moralité de l'histoire : si vous êtes dans les champs et avez un train à prendre, fiez-vous davantage à votre montre ou à votre iPhone qu'à la dame-d'onze-heures…

saisons et dictons

L'hiver sera-t-il rigoureux ? Consultez l'oignon, car *« Oignons à trois pelures, signe de froidure »*. Durera-t-il ? Cette fois, l'ail vous renseignera : *« Ail mince de peau, hiver court et beau »*. Les prémices du printemps ? Vous les sentez lorsque fleurit l'anémone des bois, car *« c'est dans le mois de mars que tente de s'ouvrir l'anémone sauvage aux corolles tremblantes »* – c'est Alfred de Musset qui le dit. Vers le mois de mai, voici la rose éphémère, car *« à la Pentecôte, roses vont, à la Saint-Jean, s'en vont »*… Jusqu'à l'année suivante. L'été passe, l'automne aussi, et revient l'hiver, *« quand Catherine couronne tous les hommes instruits, les baies de lierre et de houx apparaissent »*… Tout cela, le paysan d'hier l'observait, le faisait sien et le transmettait. À vous de ***lire dans les plantes***…

Ces herbes que l'on dit « mauvaises »...

plantes indésirables

À côté des plantes de sorcières, jeteuses de mauvais sorts, des plantes qui disent l'amour, l'heure et le temps qu'il fait, il y en a bien d'autres que, bien souvent, l'on regarde distraitement, qui sont à peine connues ou, au contraire, tellement familières qu'on ne les voit même plus. À moins qu'on ne les considère de travers parce qu'elles se trouvent en un lieu où elles ne sont ni désirées ni attendues, à une période qui n'est jamais la bonne. Voici le ***charme discret*** de ces herbes dites « mauvaises » mais pourtant foisonnantes et, très certainement, précieuses, d'une manière ou d'une autre…

sur le gazon

Dès le mois de mars, si les journées sont belles, votre gazon se constelle de taches blanches : voici les pâquerettes qui sortent, courtes et menues. Puis viendront d'autres plantes, brunelles bleues, pissenlits jaunes…

Les grincheux diront qu'elles prolifèrent, mettant en danger ce qui, à leurs yeux, ne devrait être qu'une superbe mais stricte étendue verte. Ne tenez pas compte de leurs remarques aigres-douces. Quant à vos voisins qui adorent le golf, ils penseront peut-être que, question gazon, vous manquez vraiment d'expérience. Et alors ? En contrepartie, vous avez le plaisir d'observer papillons et abeilles, minuscules auxiliaires qui disent et prolongent la vie, d'admirer de beaux ***bouquets colorés*** sur pied – d'ailleurs, vous les épargnez savamment en tournant autour avec votre tondeuse – et, enfin, aux premiers beaux jours, le bonheur de récolter une belle salade de pissenlit qui ouvre l'appétit.

chères pâquerettes

Pour ma part, j'adore les pâquerettes ! Car elles signent l'arrivée du ***printemps***, des beaux jours, des ciels clairs et lumineux ; elles se pointent, timides d'abord, puis tout à fait à l'aise, piquettent ma pelouse qui n'est pas un gazon impeccable. Comprenez : une zone verte, plutôt soignée, sur laquelle, quand même, je laisse s'épanouir des plantes déjà repérées et qui, je le sais, vont, assez vite et en pagaille, livrer corolles* joyeuses et tiges échevelées. Peu importe ! L'essentiel reste que, si le fameux « gazon » n'en est pas vraiment un, les pâquerettes y trouvent leur compte. Et avec elles les autres plantes.

fleurs mêlées

À côté de mes plates-bandes potagères, de mes rangs de rosiers, framboisiers et autres massifs de dahlias, je laisse pousser quelques touffes de mauves, millepertuis, carottes sauvages ou encore timides galinsogas, sortes de « tout venant ». Ces plantes ***« sauvages »*** qui, sans crier gare, se sont installées dans mon jardin, je les ai sélectionnées, puis laissé vivre dans l'idée de les mêler, le moment venu, aux fleurs cultivées. Cela pour un beau bouquet qui égaiera la maison. Dispersées au milieu des stricts dahlias pomponnés et bien sages, colorés comme il faut, ces plantes, disposées dans un joli vase, sentent le sauvage, la fantaisie, l'humeur joyeuse… Et, au préalable, elles auront fait le bonheur des papillons, des guêpes aventureuses comme des coccinelles.

au pied du mur

Chez vous, au bourg ou à la ville, avez-vous noté que des plantes, petites ou plus grandes, viennent subrepticement ***coloniser*** la moindre anfractuosité, une jonction entre deux pavés ou encore cet angle qui se dessine entre le mur de votre maison et le trottoir ?

Ici, parce que la nature a horreur du vide et pour peu qu'ils trouvent un peu de sol arable, pissenlits, plantains, mauves, chélidoines et autres mourons prennent place. Si vous les observez bien, vous constaterez qu'ils attirent papillons et coccinelles, symboles de la vie qui va ! Ces plantes mettent de la couleur dans la rue, attirent le regard du passant qui fréquente votre trottoir.

Alors, plutôt que de vouloir les supprimer à tout prix d'un coup de binette ou d'une dose de chimie bien sentie, essayez de les regarder autrement ; vous vous direz ensuite que, vous aussi, vous participez à la protection de la nature !

bonnes pour le sol

Certaines plantes vous déplaisent certainement, mais essayez de les considérer autrement, car, à leur manière, elles sont utiles au jardin. Par exemple, le chénopode blanc *(Chenopodium album)* : outre le fait qu'il est alimentaire (voir p. 166), il tire du sol des sels minéraux qu'il emmagasine dans ses tiges et feuilles avant de les restituer, une fois enfouis ; ce sera alors tout bénéfice pour la plante qui suivra. Il suffit de le laisser pousser, de le couper avant qu'il ne monte à graines, de le laisser sécher un peu, puis de le mettre en terre. Et voici un excellent ***engrais vert***, facile à utiliser et vite disponible. Bien sûr, le conseil vaut pour d'autres « mauvaises herbes », telles que l'achillée millefeuille et l'indispensable ortie (voir p. 135-139).

coquelicot et bleuet, côté pile...

Coquelicot, bleuet, mais aussi matricaire, nielle des blés… Tout agriculteur vous dira qu'il ne porte pas vraiment ces plantes dans son cœur. Elles envahissent ses champs de céréales, y sèment leurs petites ***graines par millions*** – une seule capsule de coquelicot produit 60 000 graines à elle seule ! –, lesquelles peuvent rester dans le sol durant des dizaines d'années, attendant patiemment les conditions propices pour germer, ce qui, un jour ou l'autre, ne manque jamais d'arriver (pour cela, il suffit que le sol soit nu). Elles « polluent » donc la récolte en ce sens où grains de blé et de coquelicot, chez le meunier, puis le boulanger, ne font pas forcément bon ménage…

... et côté face

Mais, pour le (la) rural(e) ou le (la) citadin(e) que vous êtes, ces plantes offrent une autre face : celle qui parle de la campagne, du champ cultivé, de beaux bouquets éphémères, de fleurs délicatement colorées, de nappes rouge et bleu qui inspirent le peintre, le poète, vous-même aussi, attendri(e) par ces petites touches qui rompent la monotonie de la récolte toute blonde du blé, qui aident à composer un beau tableau, paysage d'un jour sous un ciel joyeux et dont vous garderez quelque souvenir…

Tous deux symbolisent la nature « sauvage ». Cependant, loin de la poétique, coquelicot et bleuet participent aussi à la ***biodiversité***, rompent la monotonie de ces rangées de tiges sagement alignées.

bonnes pour les insectes

Entre la route et les rangs de blé, de colza, de maïs ou de tournesol, si impeccablement alignés, il y a ces bas-côtés herbeux qui sentent bon la vie sauvage – d'ailleurs, en certaines régions très cultivées, il n'y a plus qu'eux pour l'accueillir. Alors, si vous longez un chemin, dites-vous bien que ces ***îlots de nature*** restent essentiels aux insectes, grenouilles (si l'eau du fossé n'est pas loin), lapins et autres perdrix. Bardane, mauve, anthrisque, bleuet ou coquelicot vont bien de pair avec une petite faune sauvage, parfois en perdition.

Plantes à (presque) tout faire

La menthe, en toutes circonstances

par dizaines

Il se décompte une dizaine d'espèces de menthe en France métropolitaine et en Belgique, sans compter les hybrides, au moins aussi nombreux. Si le genre *Mentha* se reconnaît aisément dans la nature (l'odeur si caractéristique ne trompe pas), il est plus difficile d'identifier les espèces. Mais qu'importe ! Très connue, de la mythologie à l'Amérique du chewing-gum, la menthe est aussi une ***plante toute simple*** que vous pouvez cultiver chez vous, au jardin ou en pot. On en utilise surtout trois : *M. pulegium*, *M. piperata* et *M. viridis*, autrement dit, pouliot, poivrée et verte. La menthe est là, toujours prête à rendre service, à dénouer un de ces petits problèmes qui vous empoisonnent la vie ou, au contraire, à vous donner quelques petits instants de plaisir, gourmands ou autres. Suivez le guide…

pleine de vertus

Les menthes citées ont des vertus à la fois digestives, ***toniques*** et stimulantes, ***diurétiques*** et sudorifiques,

antiseptiques. Certaines plus que d'autres. Quoi qu'il en soit, elles soignent aussi la nervosité, les palpitations, les contusions et les rhumatismes… Vous pouvez les utiliser sous toutes les formes, séchées ou fraîches sur une enflure, en tisane (4 à 5 g par tasse d'eau bouillante) pour soigner les problèmes digestifs… Et, contre la mauvaise haleine, une simple feuille de menthe fait l'affaire (cela vaut largement un bon chewing-gum peppermint).

soins de beauté

Avec la menthe, vous pouvez aussi fabriquer vos propres produits cosmétiques. Par exemple, une ***lotion tonique*** (infusion très forte de feuilles) qui réparera votre peau délicate et un peu chiffonnée ; un ***savon*** à base de savon de Marseille que vous mélangez à de la menthe poivrée et à du miel ; ou encore une ***eau dentifrice*** mêlant les bienfaits de trois plantes incontournables – sauge, menthe et romarin – bonne pour votre haleine, mais aussi pour raffermir vos gencives si elles ont tendance à saigner.

à la maison, au jardin

La menthe est depuis longtemps connue pour ***chasser les puces*** (surtout la menthe pouliot). D'ailleurs, l'espèce *Mentha pulegium* fait allusion à ladite bestiole (le latin *pulegium* signifie « puce »)… Si, à tort ou à raison, vous craignez cette dernière, insérez un sachet de menthe séchée dans l'armoire, sous le matelas, partout où cela vous semblera utile. De même, au salon ou dans la salle à manger, déposez quelques pots-pourris (feuilles de menthe et huile essentielle). Effet assainissant garanti ! Quant au jardin, une décoction de menthe fera fuir fourmis, pucerons et autres chenilles, que l'odeur insupporte.

en cuisine

Vous avez sans doute déjà testé l'incontournable agneau anglais à la menthe sur lequel les avis (français) restent partagés. Mais savez-vous que la plante est utilisée un peu ***partout dans le monde*** ? Les recettes sont légion : taboulé libanais (dans lequel, au choix, on insère la menthe au début ou à la fin de la préparation), salade de concombre au yaourt (délicieux), fraises au vin couronnées d'une branche de menthe fraîche. Même le poisson peut y avoir droit, tout comme l'inégalable sirop du même nom (dans un bocal, recouvrez les feuilles d'eau bouillante, infusez, filtrez, laissez refroidir et ajoutez du sucre : c'est fait). Et si vous aimez les topinambours que l'on soupçonne (mais pas à tort) d'être responsables des pires flatulences, faites les cuire dans une eau mentholée. Vous serez agréablement surpris.

La ronce, pas si inutile

envahissante, piquante, mais...

La ronce *(Rubus sp.)*, un buisson passe-partout, qui envahit la haie, le sol cultivé que l'on délaisse, labour ou prairie. Il y a la vraie et sa cousine, le framboisier dont chacun connaît le fruit si suave. C'est elle qui donne la fleur dont l'abeille fait son miel, la jeune pousse dont ont fait vins et liqueurs – la fameuse « pousse d'épines » – et enfin la mûre, bonne pour la confiture, la gelée et autres douceurs. Voici la ronce qui s'accroche et qui pique – première impression –, mais si ***pleine de qualités*** que l'on se demande bien pourquoi elle reste autant vilipendée. Sans compter sa vitalité : il n'est que de la voir s'élancer de 2 m en quelques mois pour s'en persuader. Sans doute, son côté gênant…

une grande colonisatrice

Dès qu'elle le peut, la ronce avance, tel un rouleau compresseur. Observez ce pré abandonné et revenez dans deux ans : il est à parier qu'il en sera recouvert, quasi gangrené. Et comme le sol est souvent riche… Si elle s'impose autant, c'est parce qu'elle se reproduit par ***stolons**,***

drageons*, boutures*… Tous les moyens lui sont bons. Mais, ce faisant, elle prépare le lit de la forêt. D'ailleurs, ne dit-on pas d'elle qu'elle en est le berceau ? En effet, sous son couvert hérissé de piquants, elle protège de la dent des prédateurs les jeunes plants de chêne, charme et autres espèces, les oblige à s'élancer vers la lumière, si indispensable à leur croissance.

depuis des siècles

L'aventure commune de la ronce et de l'homme semble commencer dès la préhistoire. Les grands médecins grecs la connaissent comme plante médicinale astringente et, quelques siècles plus tard, sainte Hildegarde de Bingen ne dit pas autre chose, ajoutant, cependant, qu'on l'utilise aussi pour soigner les maux de dents et de gorge, pour calmer la toux et fortifier le convalescent. Quant aux Arabes, ils la voient plutôt aphrodisiaque. Ici où là, elle soulageait les varices, les aphtes… Bref, une ***quasi-panacée**** !

lien

En artisanat, la ronce est avant tout un lien. C'est elle qui lie le pied de vigne à son piquet, de tomate à son tuteur ; qui attache la bruyère à son manche pour en faire un solide balai ; ou bien qui fixe le chaume au lattis du toit.

La tige est à la fois ***souple et résistante*** (à condition de la ramasser jeune de 1 an), mais elle a un défaut : elle possède des piquants, qu'il faut enlever avec le risque d'y laisser quelques gouttes de sang. Vous pouvez toujours tenter de vous lancer dans la vannerie de ronces : il suffit de participer à un stage spécialisé, guidé par un vannier passionné qui sait tout (ou presque) d'elle.

jamais de mal...

Mais plutôt du bien ! C'est bien simple, tout est bon chez elle : feuilles, fleurs, fruits… Seules les épines ne sont pas concernées, mais elles tiennent un rôle de défense, ce qui n'est pas si mal. Riche en ***tanins***, la ronce est astringente, diurétique et tonique, mais aussi bien pourvue en ***vitamines*** (A, B, C) et en ***sels minéraux*** (magnésium, calcium, fer, cuivre…). Elle est surtout recommandée pour soigner un mal de gorge tenace (gargarisme à base de jeunes pousses : infusion de 100 g dans 1 l d'eau). Et que dire de la mûre, fraîchement cueillie sur pied (faites quand même attention à vos doigts et pensez, car elle tache, à vous couvrir d'un vêtement qui ne craint rien) ? Elle est tout simplement délicieuse, rafraîchissante et astringente, juste ce qu'il faut.

en cuisine

Pour le coup, c'est moins la feuille (on en fait quand même du « thé ») ou la fleur que le fruit (« la ***mûre*** ») qui vaut à la ronce ses lettres de noblesse. Vous la connaissez sans doute sous la forme de gelée et de confiture, mais l'avez-vous testée en accompagnement d'une viande, d'un gibier ? Un délice. Vous pouvez consommer les mûres au naturel (le meilleur), mais aussi les congeler si vous en avez ramassé un plein panier lors d'un tranquille après-midi d'été. Si vous les préparez en sirop, coulis, jus divers, vins, crème, liqueur, vinaigre, etc., vous ferez des heureux. Enfin, bien sûr, il y a les desserts, clafoutis, glaces, pâtes de fruits et autres crumbles qui ne demandent qu'à sortir de votre imagination.

La sauge, parée de toutes les vertus

depuis longtemps

La sauge *(Salvia sp.)* est une ***plante bienfaitrice***. Son nom français ne vient-il pas du latin *salvare*, qui signifie « sauver », « guérir » ? C'est la raison pour laquelle elle se cultive depuis l'Antiquité : dans la Grèce antique, une compresse imprégnée de son suc est censée soigner la morsure du serpent. Elle gagne les monastères dès le IXe siècle et fait alors partie des quelques plantes panacées* célébrées au Moyen Âge. L'Église catholique la consacre à la Sainte Vierge ; Louis XIV en fait sa tisane favorite, et ses feuilles se fument comme du tabac. Au XIXe siècle, ses vertus sont mises en avant, dûment et scientifiquement prouvées, si bien qu'il est inconvenant d'en parler comme d'un simple « remède de bonne femme ».

partout dans le monde

Elle est de la cuisine comme de l'officine médicale. Le genre *Salvia*, c'est ***plus de 500 espèces*** dispersées dans le vaste monde ; une dizaine seulement sur notre territoire. En Chine, par exemple, on échange des feuilles de sauge contre des feuilles de ginseng ou de thé. Parmi les sauges « utiles » de chez nous, on trouve surtout la sauge officinale* *(Salvia officinalis)* et la sauge sclarée *(Salvia sclarea)*. Le genre Salvia se reconnaît à sa corolle* à deux lèvres, souvent bleutées, à ses feuilles plutôt grandes, un peu rugueuses, à limbe* élargi.

côté santé

La sauge se pare de toutes les vertus. Elle est « la plante qui sauve » ; *« Pourquoi mourrait-on lorsqu'on cultive la sauge ? »*, s'interroge la fameuse école de médecine de Salerne, au XIVe siècle. La messe est dite : la sauge est LA plante que chacun devrait avoir à portée de main, au jardin si vous en avez un, sinon dans la ***pharmacie familiale***. Jugez-en : elle est digestive, tonique, diurétique, antispasmodique, vulnéraire* ; mais aussi antiseptique, antisudorale, hypoglycémiante ; elle raffermit les gencives, modère le cholestérol, donne du tonus, atténue la douleur due à une piqûre d'insecte, une foulure… La liste est longue : que demander de plus à une seule plante ?

Par exemple, si vous avez des problèmes de digestion, prenez une tasse d'infusion de sauge après les repas. Vous la préparerez avec 15 à 30 g de feuilles par litre d'eau.

côté bien-être

Avec la sauge, vous pouvez successivement : fabriquer un savon maison en utilisant des restes de savon de Marseille, aromatisés de ses feuilles ; rendre votre ***chevelure*** (de brune, pas de blonde) plus tonique, plus chatoyante, lui donner de beaux reflets auburn ; moins grasse aussi (elle est astringente, efficace contre le sébum) ; nettoyer votre ***peau*** à fond, la désincruster, voire (en utilisant aussi l'argile blanche) la purifier, l'équilibrer, la rajeunir peut-être (elle combat les radicaux libres). Sachez aussi que la sauge sclarée s'utilise en parfumerie, notamment dans l'eau de Cologne.

à toutes les sauces

La sauge apporte une touche particulière en cuisine. C'est un ***véritable parfum***. Si vous disposez de quelques feuilles « en trop », conservez-les dans un bocal hermétique. Vous pouvez la préparer à l'italienne (dans un risotto), à la provençale : c'est le fameux « aïgo boulido » (soit une eau bouillie dans laquelle trempent ail et feuilles de sauge), excellent pour la diète ; pour accompagner le fromage de chèvre (des parfums de votre campagne vous reviendront, un peu comme la madeleine de Proust), la cuisson du porc ou du gibier ; pour parfumer les châtaignes bouillies et, à votre convenance, les salades et les soupes. La sauge entre aussi dans des vins chauds (surtout si vous vous sentez un peu faible) et des vins pour l'apéritif : à ébullition d'un bon vin rouge, introduisez quelques feuilles et du sucre (à consommer avec modération, bien sûr). Pour finir, la sauge se plie à la sauce de votre imagination…

éternelle jeunesse

Dans un monde tenté par le jeunisme, les remèdes anti-âge foisonnent, dont certains un peu curieux. Mais il en est un, tout simple, que les grands-mères de nos grands-mères ont vanté (ce qui ne les a pas empêchées de vieillir, puis de mourir). Il s'agit d'une ***tisane*** à base de sarriette et de sauge (10 g de chaque plante par litre d'eau), à boire bien chaude deux fois par jour. Pour quel résultat ? Les deux plantes vous feront du bien : la première, également appelée « herbe anti-vieillesse », parce qu'elle est un puissant stimulant ; la seconde parce qu'elle possède quantité de vertus (voir plus haut). Et le seul fait de savoir que l'on boit un élixir de jeunesse n'est-il pas, en soi, rafraîchissant pour l'esprit ?

La lavande, pour tous

petite mise au point

Pour tout un chacun, la lavande *(Lavandula sp.)* c'est d'abord un parfum qui sent le propre et le net. En fait, créé au Moyen Âge, le nom du genre *Lavandula* vient du latin *lavare* qui, tout naturellement, signifie ***« laver »***. Mais la plante était déjà connue et utilisée depuis belle lurette (elle se nommait alors *stoechas*) et servait surtout à aromatiser le bain (des nobles, pas des manants) et la lessive. Il est vrai qu'elle se reconnaît facilement à son parfum finement aromatique.

La lavande pousse spontanément dans les garrigues et maquis méditerranéens. Là, elle est à la fois parfum (d'autant plus marqué que son sol est aride, bien exposé au soleil), couleur de ciel pointée vers le ciel, petit bonheur d'été chaud. En France, elle se nomme surtout aspic *(L. latifolia)*, officinale* ou vraie *(L. angustifolia)*, stéchade *(L. stoechas)* – cette dernière connue des anciens donc –, cette dernière poussant surtout sur des sols siliceux.

à la maison

À la maison, la lavande rend de ***multiples services***. Vous pouvez l'utiliser :

- pour parfumer le linge à repasser. Additionnez votre eau distillée de feuilles/fleurs de lavande mises à macérer pendant 8 jours, puis filtrez avant de l'utiliser dans votre fer ;
- pour parfumer vos armoires à linge. Pour cela, vous aurez mis à sécher les tiges fleuries dans un endroit chaud, par exemple le tableau de bord de votre voiture, avant de les enfermer dans de petits sachets de toile colorés qui vous rappelleront les vacances ;
- pour faire fuir les mites de la même armoire ;
- pour éloigner les puces qui ne manquent pas d'énerver votre chat préféré (garnissez-en le coussin de sa panière) ;
- pour diluer votre peinture à la manière des peintres de la Renaissance ;
- pour fabriquer des bouquets de fleurs séchées et des pots-pourris parfumés ;
- pour faire office de rince-doigts (avec des serviettes chaudes, comme au restaurant)…

La liste n'est pas exhaustive.

vertus médicinales

Qu'elle soit l'une ou l'autre des trois espèces citées, la lavande soigne certains ***petits maux*** qui empoisonnent votre vie : acné, manque d'appétit et flatulences, nervosité, stress, angoisse et cafard, torticolis, migraines et maux de tête, goutte, rhume des foins, luxations et contusions diverses, piqûres d'insectes, insomnies, etc. C'est ainsi qu'une bonne tisane (fleurs de lavande et de tilleul mêlées) fera votre sommeil pareil à celui d'un bébé, limitera vos ballonnements intestinaux et vous rendra plus optimiste. De même, l'essence de lavande chassera les poux de la chevelure de votre enfant. La lavande ? À avoir chez soi, absolument.

plante de beauté

Avec la lavande, vous pouvez presque tout faire : fabriquer vous-même un ***gommage*** qui ôtera les impuretés de votre corps (préparation à base d'huile d'amande douce, de fleurs et d'huile essentielle de lavande, de sel marin), un ***tonique*** qui le raffermira, un ***masque*** qui assouplira votre peau et la fera plus douce. Dans ce cas, un passage dans le bain est conseillé (en plus, il vous relaxera – en conséquence, à prendre avant le coucher). Vous parfumerez celui-ci soit d'un vinaigre de lavande, soit de sels que vous aurez vous-même fabriqués (gros sel arrosé d'huile essentielle de rose et de fleurs de lavande réduites en poudre). Enfin, surtout si vous vivez en ville ou près d'une zone de pollution, vos cheveux profiteront avantageusement d'un ***shampooing*** purifiant, toujours à base de lavande, évidemment !

en cuisine

La lavande apporte ce petit « plus » qui, dans quelques plats, fait toute la différence, vous hisse d'emblée dans la catégorie des bons cuisiniers, créatifs et inventifs. Vous pouvez ainsi, à votre convenance, l'introduire dans toutes sortes de préparations culinaires, ***salées ou sucrées*** : tartes, soupes, crèmes, glaces. Sachez que la lavande fait bon ménage avec des herbes aromatiques telles que le fenouil (et son parfum anisé), les légumes de la ratatouille ou encore les fruits frais (melon, abricot, fraise…).

Plaidoyer pour l'ortie

un peu d'histoire

Depuis longtemps, l'ortie est… fêtée, utilisée en ***maintes circonstances*** : pour se réchauffer (lorsqu'ils avaient froid, les légionnaires romains en fabriquaient de petits balais et s'en frottaient les jambes qu'ils avaient toujours dénudées, quelle que soit la saison) ; pour faire cesser le saignement de nez (on introduisait des feuilles dans les narines – remède préconisé par Dioscoride, médecin grec) ; pour soigner les morsures d'un chien enragé (là, on reste un peu sceptique…) et toutes sortes de maux – de l'estomac, de la rate, de la tête (migraine), du rein, de la poitrine (les graines auraient été expectorantes), de la peau (plaies enflammées). Puis, au XIXe siècle, plus rien ou plus grand-chose dans le domaine médical. En revanche, elle restait utile dans l'économie domestique.

écoutons Victor Hugo

« *Quand l'ortie est jeune, la feuille est un légume excellent ; quand elle vieillit, elle a des filaments et des fibres comme le chanvre et le lin. La toile d'ortie vaut la toile de chanvre. Hachée, l'ortie est bonne pour la volaille ; broyée, elle est bonne pour les bêtes à cornes. La graine de l'ortie mêlée au fourrage donne du luisant au poil des animaux ; la racine mêlée au sel produit une belle couleur jaune. C'est du reste un excellent foin qu'on peut faucher deux fois. Et que faut-il à l'ortie ? Peu de terre, nul soin, nulle culture. Seulement la graine tombe à mesure qu'elle mûrit, et est difficile à récolter. Voilà tout. Avec quelque peine qu'on prendrait, l'ortie serait* ***utile*** *; on la néglige, elle devient nuisible. Alors on la tue. »* Ainsi parle monsieur Madeleine, alias Jean Valjean, dans *Les Misérables*. Il a presque tout dit !

à la ferme

L'ortie constitue un ***excellent fourrage*** qui nourrit tout le bétail, petit (poules pondeuses et bandes de canards) et plus grand (veaux, vaches, cochons, chevaux). L'on sait qu'il est riche en éléments minéraux et protéines (davantage que le soja, pourtant si vanté) et que, la consommant, la vache augmente sa lactation, le porc est en meilleure santé, les chevaux prennent de la vivacité, se font plus fringants à mesure qu'ils en consomment, tandis que les poules pondent les meilleurs œufs du monde. Un dicton n'avance-t-il pas qu'*« une ortie dans le poulailler est un œuf de plus dans le panier »* ? Mais c'était hier…

au jardin

Mine de rien, l'ortie améliore grandement le jardin. Le jardinier « qui sait » la met, si l'on peut dire, ***à toutes les sauces*** : elle est fertilisante, remplace avantageusement les traitements chimiques et stimule la croissance des plantes potagères qui ont la chance d'être placées à côté d'elle.

Vous craignez le mildiou sur vos tomates et pommes de terre ? Lors de la plantation, enfouissez une poignée de feuilles fraîches dans chaque trou. Et pensez au purin d'ortie (1 kg de plantes vertes pour 20 l d'eau, à laisser macérer durant une dizaine de jours ; remuez une fois tous les 2 jours environ), si fameux. Avec lui, vous « boosterez » vos légumes, renforcerez leurs défenses face aux maladies, repousserez pucerons, limaces et autres acariens, fertiliserez votre gazon (à faire au printemps). Que du bon ! Même s'il ne sent pas très bon et même pas bon du tout. Cela dit, il ne laisse aucune odeur sur les légumes que vous aurez ainsi traités. Heureusement…

ortie textile, ortie domestique

Savez-vous que l'ortie *(Urtica dioica* et *U. urens)*, la grande et la brûlante, est longtemps entrée dans la composition d'étoffes particulièrement solides ? Telle était l'une de ses fonctions hier. De l'Égypte qui en enveloppait ses momies à la France de Victor Hugo (et plus tard encore), l'on en faisait grand cas. Notamment, dans les campagnes, ***draps et torchons*** composant le trousseau de la mariée étaient, parfois, tirés de la filasse d'ortie. Mais l'évolution étant ce qu'elle est, avec ses contraintes techniques et, évidemment, économiques, le tissu périclita et fut oublié. Qui s'en souvient, aujourd'hui ?

Cependant, l'ortie (surtout ses racines*), c'est aussi une possibilité de teinture jaune, de papier fabriqué, de tampon aux multiples usages (récurer un chaudron, nettoyer un meuble en bois…). Bref, une plante à tout faire !

vertus médicinales

Des vertus plus ou moins… vertueuses, voire fantaisistes, jusqu'à une date récente, nous l'avons vu. Mais aujourd'hui, scientifiquement étudiée, l'ortie redevient une ***quasi-panacée**** ! C'est bien simple : sur sa base, vous pouvez soigner quantité de petits inconvénients dont vous vous passeriez bien. Vos ongles sont cassants, vos cheveux tombent ? Ortie (elle est riche en vitamines B2, B5, acide folique, silice et zinc). Vous êtes fatigué(é) ? dormez mal ? Ortie (elle reminéralise). Vous avez des crampes d'estomac, êtes rhumatisant(e) ? Ortie… Vous pouvez la prendre en infusion (80 g pour 1 l d'eau bouillante), en décoction

(50 g mis à bouillir durant 5 minutes dans 1 l d'eau), en sirop, en macérat… Et, bien sûr, vous en parlez à votre médecin.

en cuisine

Reste l'essentiel, à savoir la plante qui se mange. Utile depuis longtemps, l'ortie se consomme de même. Comme le pissenlit ou la cardamine, elle entre dans la ***cure reconstituante du printemps***. Vous pouvez la manger en soupe (en mélange avec des pommes de terre, de l'ail, éventuellement quelques herbes aromatiques et un peu de crème fraîche, pour faire bonne mesure). Un conseil : sitôt prête, sitôt avalée, car elle ne saurait attendre, sous peine de noircir, ce qui n'a rien de ragoûtant. Mais vous pouvez aussi présenter l'ortie cuite au beurre, à l'étouffée, à la crème, en accompagnement d'une omelette, garniture d'une quiche, d'un soufflé… Là encore, laissez faire votre imagination !

Des plantes qui améliorent notre cadre de vie

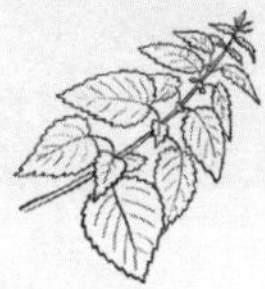

Éloigner les indésirables

à l'intérieur

Pour chasser les insectes indésirables de votre maison, vous n'avez que l'embarras du choix. Par exemple, quelques feuilles de ***tanaisie*** *(Tanacetum vulgare)* placées entre les draps du lit éloignent puces et autres insectes mal venus : telle était, jadis, l'astuce utilisée dans les auberges mal tenues – il est vrai que les draps ne se changeaient qu'à intervalles très éloignés… Mais elle reste d'actualité et peut être appliquée pour la litière de votre chat.

Votre chat qui adore taquiner la souris (et la mange à l'occasion), laquelle aura, de toute façon, déjà fui dès qu'elle aura, même de très loin, senti l'odeur de la ***menthe***. Moralité : si les souris se plaisent chez vous et que vous n'avez pas de chat, dispersez ici ou là quelques pots de menthe, vous ne les reverrez pas de sitôt.

Dans les placards, il y a parfois des mites : pour vous en débarrasser, utilisez des feuilles d'***absinthe*** *(Artemisia absinthium L.)* (fraîches), de ***rue*** *(Ruta graveolens)* (séchées), d'***armoise*** *(Artemisia vulgaris)* ou encore de ***menthe pouliot*** *(Mentha pulegium)*.

à l'extérieur

Les moustiques fuient devant le ***géranium herbe-à-Robert*** *(Geranium robertianum)*, le ***basilic*** *(Ocimum basilicum)*, la ***lavande***, le ***pélargonium*** (ou géranium rosat), la ***mélisse*** *(Melissa officinalis)*…

Les soirs d'été, lorsque vient de passer un bel orage qui a mis tous les moustiques dehors, pensez à ces plantes. Dispersées un peu partout sur la terrasse, dans des pots, celles-ci vous aideront à les éloigner. Le reste du temps, faites pousser ces indispensables au soleil. Pensez aussi à supprimer les fleurs à mesure qu'elles apparaissent afin que les feuilles (riches en répulsifs) puissent totalement s'exprimer. De plus, je vous le rappelle, ces plantes sont bonnes pour la cuisine, pour la médecine et souvent les deux.

Des plantes et de l'eau

assainir

Vous habitez la campagne ? Alors vous avez sans doute déjà remarqué ces « lagunages », stations d'épuration bordées de végétaux aquatiques : ***nénuphars***, ***roseaux***, ***massettes***, ***iris***. Ces derniers sont là pour épurer les eaux : ils consomment les composés polluants dissous dans l'eau tout en servant de support aux millions de micro-organismes qui, eux, et si minuscules soient-ils, font le plus gros du travail. L'avantage ? Ces plantes ne dégagent ni bruit (il n'y a pas de machine), ni odeur désagréable et ne font pas tache dans le paysage. Elles assimilent des métaux lourds (une spécialité de l'iris) ou bien, comme les scirpes, absorbent les hydrocarbures.

piscine biologique

Le principe est le même pour la piscine. En général, on la rêve turquoise, géométrique, avec des murs impeccablement carrelés… et une odeur de chlore peu agréable. Mais elle peut aussi ressembler à une ***simple mare, riche en roseaux***, dans laquelle, le printemps venu, les grenouilles se mettent à coasser. Depuis quelques années, cette piscine dite « baignade biologique » est tendance.

Vous pouvez la construire chez vous sur ce principe simple : l'eau s'auto-épure naturellement, grâce à l'action conjointe de micro-organismes et de plantes bien de chez nous qui se nomment iris, scirpes, phragmites, joncs, lesquelles filtrent, nettoient, épurent en permanence les polluants, minéraux ou biologiques qu'elle peut contenir. Grâce à elles, vous aurez le plaisir de prendre un bain tranquille, à peine troublé par le vol timide d'une libellule ou le glissement gracieux d'un gerris (ou araignée d'eau).

Pour une maison plus saine

un jardin sur le toit

Et pourquoi pas un jardin sur le toit ? Le végétal en ville redevient tendance, pour mettre un peu de vert sur béton et bitume, mais pas seulement. Déroulé en tapis, il excelle comme ***isolant thermique***, contre le chaud ou le froid ; s'il est suffisamment épais, il ***absorbe les ondes sonores***, si bien qu'il atténue les bruits environnants ; il ***éponge l'humidité***, participant ainsi à la lutte contre les inondations (il retarde le cheminement de l'eau vers les canalisations qui débordent donc moins vite) ; il favorise l'évapotranspiration*, rafraîchit, ***améliore l'air*** que nous respirons puisqu'il aide à fabriquer l'oxygène indispensable ; il ***capte les poussières*** et polluants divers… Alors, si vous habitez en ville, pourquoi pas chez vous ?

toit végétal, mode d'emploi

Le mieux est de faire appel à un ***spécialiste*** qui saura poser l'isolant thermique adéquat, suffisamment étanche pour contenir les racines* (que diriez-vous si vous les voyiez traverser votre plafond ?) ; prévoir la couche drainante en fonction de la pente du toit ; choisir les plantes idoines : racines superficielles, vivaces et de petite hauteur, qui ne demandent quasiment pas d'entretien (vous n'allez pas monter sur votre toit tous les quatre matins). Dans ce cadre strict, pourquoi ne pas opter pour la mousse (voir p. 5), l'iris nain, le sédum (petite plante grasse résistant à tout : chaud, froid, sec, mouillé), un peu de gazon à base de fétuque bleue ? Toutes vont ensemble créer un tapis dans lequel les « mauvaises herbes » n'auront qu'à bien se tenir.

Et si vous avez de la place, habitez au dernier étage et que vous disposez d'une toiture-terrasse, tentez le potager sur le toit !

isoler les murs

Faites le choix de ***matériaux dits « biosourcés »*** (autrement dit qui proviennent directement de la biomasse) et, si possible, optez pour ceux qui ne sont pas trop loin de chez vous : céréales (qui donnent la paille), lin, chanvre font partie de ces productions végétales qui, désormais, se trouvent facilement, cultivées un peu partout sur le sol français. Elles ont l'avantage de produire des fibres plus saines que les synthétiques : en effet, elles sont rarement allergènes, ne dégagent pas d'émanations toxiques et, l'été, gardent la maison fraîche. Au fait, qu'était le torchis d'hier, si ce n'est un mélange de terre grasse (argile) et de paille hachée ?

sur les murs

Après le toit, l'intérieur du mur, voici l'extérieur de ce même mur. Là aussi, vous pouvez faire courir quelques ***plantes grimpantes*** qui feront le plus grand bien à votre santé et à votre environnement direct. Le principe de la treille est connu depuis longtemps, utile pour se fournir en grappes de raisins, par exemple. S'il reste d'actualité, vous pouvez aussi lui adjoindre quelques plantes grimpantes telles que jasmin ou glycine, ou encore opter pour le lierre *(Hedera helix)* ou le chèvrefeuille des bois *(Lonicera periclymenum)*. Toutes participent à la dépollution de l'air, à l'isolation thermique et phonique de votre maison, abritent une petite faune toujours intéressante. Par exemple, le lierre fleurit l'automne (ses fleurs sont riches en nectar), puis produit des fruits dont profitent nombre de passereaux.

plantes dépolluantes

C'est un sujet dont on parle de plus en plus : nos intérieurs sont réellement pollués ! Peintures diverses, produits d'entretien, isolants, désodorisants, moquettes… tous, ou presque, figurent dans la nomenclature des éléments toxiques, évidemment pas bons pour l'air que nous respirons à la maison et, *in fine*, pour notre santé. Ouvrir le plus possible les fenêtres est déjà en soi une bonne réponse. Mais vous pouvez aussi faire davantage, en cultivant, ***dans votre salon***, quelques plantes dépolluantes : outre le classique caoutchouc, le philodendron ou la plante araignée, vous pouvez opter pour le lierre *(Hedera helix)*, tout simple et bien de chez nous (spécialiste de la chasse au benzène), pour le cyclamen *(Cyclamen persicum)* qui, l'automne, fleurit mélancoliquement le fond de nos jardins, ou encore l'arbre de Jade *(Crassula ovata)*. Bien que d'origine sud-africaine, il fréquente volontiers nos appartements et se bouture très facilement : raison de plus pour le plébisciter !

Quand les plantes ont des affinités

compagnes

Avez-vous remarqué que les plantes peuvent s'entraider ? Que certaines profitent particulièrement à leur voisinage ? Ou, au contraire, qu'elles se font mutuellement du mal si elles sont trop proches les unes des autres ? Comme si elles se détestaient… Que d'autres font fuir insectes, nématodes et autres ennemis du jardinier ? Que certaines renforcent les capacités de leurs voisines ? La nature est ainsi faite qu'elle rend bien des ***services***. Le tout est de savoir reconnaître ce principe et de l'utiliser à bon escient.

au potager

Capucines, pétunias, œillets et roses d'Inde… voici des fleurs aimées en tant que telles. Mais savez-vous qu'elles sont aussi utiles au potager ? Plantées près de vos pieds de courgettes, les premières feront fuir les pucerons, les deuxièmes, les chrysomèles affairées sur les rangs de haricots et les troisièmes, tous ces nématodes qui envahissent vos fraisiers, carrés de pommes de terre et de tomates. D'une année sur l'autre, ***plantez-les toujours au même endroit***, elles finiront par venir à bout de ces indésirables.

protéger les choux

Le chou, par exemple, a quelques amis : l'aneth *(Anethum graveolens)* favorise sa croissance et sa résistance ; placée à proximité, l'armoise *(Artemisia vulgaris)* éloignera les papillons blancs dits « du chou » (piéride) ou, plutôt, leurs chenilles ; vous pouvez aussi, dans ce registre, compter sur le thym, l'hysope et l'absinthe. Et vos choux seront d'autant plus beaux que vous aurez pris soin de les entourer de ***plantes à fleurs***, telles que la camomille, la sauge, le romarin… À l'inverse, évitez de les placer auprès des fraisiers ou des plants de tomates avec lesquels ils ne font pas bon ménage.

tomate, mon amie

Vous l'avez compris, la tomate déteste le chou – mieux vaut les éloigner l'une de l'autre –, tout comme le fenouil. En revanche, approchez-la de l'oignon, de la ciboulette, de l'ail, de la carotte : elle ne s'en portera que mieux, car, d'une certaine manière, elle sera ***protégée*** des attaques des tétranyques. Pour vous débarrasser de ces petites araignées rouges, vous pouvez aussi opter pour une infusion d'ail (1/2 l d'eau porté à ébullition dans lequel vous ajoutez 1 cuillerée à café d'ail haché).

De son côté, la tomate protège le rosier, sans doute parce qu'elle contient de la solanine, molécule qui évite les taches noires sur les feuilles (dues à un champignon). La proximité de l'ortie et de l'amarante lui est également bénéfique.

Lavande *(Lavandula sp.)*

3 a

Plantes à déguster, savourer, siroter…

La campagne est un véritable garde-manger : nombre de plantes alimentaires y poussent en toute liberté. À côté, il y a le jardin des « bonnes herbes », cultivées, auxquelles viennent parfois se mêler quelques « mauvaises ». Certaines sont comestibles, et ce n'est pas négligeable. Plus loin, près de la mer, en montagne ou en forêt, voici d'autres plantes, à manger ou à consommer sous forme de boissons. Avec elles, je vous propose de préparer des repas à la fois équilibrés, étonnants, revigorants, délicieux, sains, naturels… Bon appétit !

Dînette au fil des saisons

Principes… et bon sens

se faire plaisir avec rien

Rien ou presque rien ! Car les plantes sauvages prélevées dans la nature sont gratuites, offertes à tout un chacun… Qui plus est, fraîches et d'ici, cueillies le temps d'une promenade, d'un tour au potager et d'un bon bol d'air.

Vous êtes habitué(e) au fast-food, au fromage emballé ou au morceau de viande comprimé dans sa barquette ? Changez d'air et de régime ! À la campagne, de ***nombreuses plantes*** frôlées, piétinées, mais pas toujours regardées, sont comestibles. Parfois délicieuses, souvent riches en vitamines, acides aminés, sels minéraux, autant de bonnes choses que vous ne retrouverez jamais dans un sandwich, même bourré de verdure.

complémenter

Si nourrissantes soient-elles, vos céréales et légumineuses préférées ne sont pas complètes : leur manquent, aux unes et aux autres, quelques acides aminés essentiels. Cette carence, vous pouvez déjà la déjouer en combinant les deux, en mangeant à la fois pain et lentilles, par exemple. Mais en ajoutant quelques plantes sauvages… vous aurez la totale ! Car celles-là sont largement pourvues de ***glucides, vitamines et autres protéines***. Prenez le fameux « gratte-cul » ou cynorrhodon (fruit de l'églantier) : il contient dix fois plus de vitamines C que le citron ; ou le pissenlit qui, lui, vaut deux fois le même citron, ce qui n'est déjà pas si mal ; ou encore, le petit galinsoga qui, au jardin, envahit volontiers les rangées de haricots. Il est d'une richesse en fer exceptionnelle : sept fois plus que l'épinard !

balade gourmande

Vous souhaitez cuisiner les plantes sauvages ? Mais, les connaissant mal, vous hésitez, ne sachant pas bien lesquelles vous pouvez servir fraîches, jeter dans votre faitout… Pas de panique ! Participez à une balade gourmande – ce concept court désormais la campagne. Un beau matin, muni(e) d'un couteau, d'un panier en osier (mieux que le sac plastique), de chaussures étanches, d'un chapeau de paille sur la tête, vous intégrerez la joyeuse troupe que dirige un(e) ***animateur(trice)*** botaniste et adepte de bonne cuisine. Lui (elle) possède toutes les ficelles de son sujet. À l'écouter, vous aurez d'ailleurs une pensée pour votre arrière-grand-mère qui connaissait bien les plantes, bonnes pour l'estomac comme pour le porte-monnaie (à l'époque, un sou était un sou). Puis vous achèverez votre fructueux périple dans votre cuisine.

légume ou fruit ?

Savez-vous ce que vous mangez lorsque vous croquez une carotte ou une tomate ? Sur le plan botanique, la tomate, la courgette sont des fruits, rien d'autre. La carotte ? Une racine*. Le radis ? Une tige souterraine. La pomme de terre ? Un tubercule*, non un légume. Le chou, l'épinard, l'oseille ? Des feuilles. L'artichaut ? Une fleur, quoique monstrueuse. Le haricot ? Une gousse*. La fraise ? Un faux fruit, le vrai étant l'akène*, dont, parfois, vous gardez le souvenir entre les dents : sa chair n'est que de la pulpe, certes savoureuse, mais de la pulpe quand même, qui provient de la maturation du réceptacle. La groseille, le cassis ? De « vrais » fruits, eux, dont les graines et pépins sont disséminés dans la pulpe. La framboise, la mûre ? Des fruits composés (où l'on voit que, sur un même réceptacle*, s'assemblent des petites drupes* contenant les noyaux)… Pour faire court : le ***langage courant*** nomme « légume » le salé et « fruit » le sucré. Telle est la liberté qu'il s'accorde avec la (très) rigoureuse botanique.

Fraîches et printanières : des plantes qui désintoxiquent

nécessaire désintoxication

Vers le mois de mars, lorsque le soleil recommence à chauffer, les oiseaux à pépier et les bourgeons à pointer, il est temps de tourner le dos à l'hiver. Un peu effaré(e), vous venez de constater la ligne trop tendue de votre estomac, la terne couleur de vos joues et les tristes cernes soulignant vos yeux. Le temps est donc venu de vous faire du bien, de vous désintoxiquer, d'oublier les ***riches plats*** de l'hiver, certes plaisants, mais caloriques et pesants.

cardamine

Tôt dans le printemps, la cardamine *(Cardamine pratensis)* blanchit (ou rosit) les prés humides dont elle est familière. Comme le cresson, avec lequel elle cousine (elle est aussi appelée « cressonnette »), elle entre dans de délicieuses ***salades*** rafraîchissantes, le ***potage*** du soir, encore apprécié en cette saison. Cueillez les feuilles avant que les fleurs n'apparaissent, elles n'en seront que plus tendres et goûteuses, de saveur à la fois amère et un peu piquante. Sachez que la cardamine est à la fois tonique et digestive, riche en vitamine C, ce qui n'est pas négligeable. Les anciens le savaient, eux qui la cultivaient au potager, au même titre que la salade ou la roquette.

cresson

Le cresson des fontaines *(Nasturtium officinale)* apprécie les eaux pures, de courant régulier et de bonne qualité (de ce point de vue, c'est un bon indicateur). D'où son nom. Développé en colonies, tapis denses de feuilles et tiges entremêlées, il épanouit ses fleurs blanches à la fin du printemps. Avant qu'elles ne sortent, cueillez les feuilles tendres pour des ***potages*** (de goût exquis, surtout accompagnés de croûtons dorés) ou des ***salades*** (les feuilles conservent alors toutes leurs vertus). Avec le cresson, vous serez certain(e) de faire le plein de toutes les vitamines (ou presque) que compte l'alphabet. Ajoutez le fer, l'iode et le soufre. Néanmoins, compte tenu des risques de parasitose (voir p. 82), pensez à le laver soigneusement à plusieurs eaux (vinaigrées), même si vous l'avez acheté dans le commerce. Par ailleurs, il est déconseillé aux personnes souffrant de cystite.

pissenlit

Il existe tant d'espèces de pissenlits *(Taraxacum sp.)* – pas moins de 1 200 en Europe ! – que même un botaniste chevronné s'y perd un peu. Mais comme rien ne ressemble plus à un pissenlit qu'un autre pissenlit, vous pouvez sans crainte, dès le mois d'avril, partir à sa cueillette. Il se reconnaît à ses feuilles découpées, à ses boutons floraux en forme de petits cœurs et à ses corolles* jaune d'or, partout dispersées dans le pré. De ***saveur herbacée***, ses jeunes feuilles sont légèrement amères, et cela s'accentue quand elles vieillissent : dans ce cas, je les ébouillante quelques minutes. En salade, elles fournissent quantité de bonnes vitamines A, C, B1 et B2. Et que dire d'un assaisonnement à l'huile de noix ? Quelques lardons ajoutés ne sont pas à dédaigner, même si, au passage, ils remettent un peu de gras sur le bourrelet... Oui, mais c'est tellement bon !

bourse-à-pasteur

La bourse-à-pasteur *(Capsella bursa-pastoris)* a déjà été évoquée (voir p. 24). De ***saveur piquante*** (qui ressemble un peu à celle du chou), plutôt épicée et très agréable, c'est une herbe du printemps, qui se mange en salade (toute la plante peut y passer) ou en potage. Vous pouvez aussi incorporer feuilles et rosettes dans une sauce béchamel, aromatisée de cerfeuil frais. C'est une plante cosmopolite, presque partout répandue et appréciée, de l'Amérique du Nord à la Chine, où elle est même cultivée en grand. Un seul inconvénient : elle est tellement frêle qu'il faut la cueillir en grande quantité pour en faire un plat.

valérianelle

La valérianelle *(Valerianella olitoria)* se nomme aussi « doucette », « galinette », « blanchette », « boursette » (pensons à la *« boursette touffue »*, si chère à Pierre de Ronsard)… Partout en France, vous l'observez sur le bord des chemins, près des vieux murs – elle n'est pas difficile. Ses petites feuilles, ses fleurs minuscules d'un bleu très léger vous séduiront dès les premiers beaux jours. Elle aussi entre dans des salades auxquelles elle donne une ***saveur un peu mucilagineuse****. Savez-vous qu'elle est l'ancêtre de la mâche bien connue ? Elle, plutôt potagère, se mélange au céleri ou à la betterave rouge, pour des salades goûteuses.

Estivales, pour les salades, ragoûts et gratins

ressources insoupçonnées

L'été, la cueillette reste toujours possible. Bien sûr, le pissenlit a durci, ses fleurs jaunes ne tachent plus les prairies, et la cardamine a disparu. Mais de nombreuses plantes leur ont succédé, différentes et se prêtant à d'autres ***expériences culinaires***. Voici la bardane, la mauve, la consoude, le chénopode blanc, le pourpier… Toutes plantes qui, chez le jardinier méticuleux, entrent dans le clan des « mauvaises herbes » – il va donc chercher à les détruire. Sait-il d'ailleurs ce qu'il perd ? Heureusement, vous, vous allez les considérer d'un autre œil, celui d'un gourmet qui sait qu'il va les cuisiner au gré de son imagination, dans le but de se faire plaisir.

bardane

Dans la nature, elle ne passe pas inaperçue : feuilles énormes, fleurs roses pareilles à celles de l'artichaut (mais plus petites) et fruits comme du Velcro (ils ont d'ailleurs inspiré l'inventeur suisse du même Velcro : c'était en 1948 !), qui se prennent de manière agaçante dans les cheveux, se collent aux vêtements de laine. La bardane *(Arctium lappa)* pousse un peu partout, avec une préférence pour les lieux habités et les terrains vagues. À proximité de l'eau, ses feuilles deviennent carrément gigantesques. Elles sont de goût piquant, un peu sucré. En été, après les avoir blanchies, vous vous intéresserez à ses jeunes tiges (préalablement débarrassées de leur fine enveloppe) et aux côtes (des feuilles) : le tout permet de composer un ***délicieux gratin*** (à passer au four) ou un plat vert, juste accompagné d'une sauce blanche. À la manière des bettes à cardes.

« épinards sauvages »

De temps à autre, l'épinard en conserve peut laisser place au « sauvage ». C'est même souhaitable. Pour cela, arrêtez-vous devant le ***chénopode blanc*** *(Chenopodium album)*. Encore une « mauvaise herbe », pensera le jardinier-méticuleux-mais-qui-ne-sait-pas-tout… Il pousse sur les sols riches en azote, souvent remués (mais au jardin, que fait-on d'autre que de remuer le sol ?). Nos ancêtres du Néolithique l'appréciaient beaucoup. Il vaut par ses jeunes feuilles : crues, elles accompagnent les salades ; cuites (à la vapeur), elles entrent dans des gratins, soufflés… Au toucher, le chénopode se reconnaît à ses feuilles un peu farineuses – il s'appelle d'ailleurs aussi « chou farineux ». Avec lui, vous ferez le plein de sels minéraux (calcium, potassium, fer), de protéines et vitamines. Néanmoins, contenant des oxalates, il peut, à fortes doses, porter sur les reins. Donc, même si vous l'adorez, n'en faites pas votre plat quotidien.

mauve, la liante

Le genre Malva *(Malva sp.)* compte plusieurs espèces qui, toutes, contiennent les mêmes principes alimentaires. Voici les mauves à petites fleurs *(M. parviflora)*, à feuilles rondes *(M. rotundifolia)*, alcée *(M. alcea)* ou musquée *(M. moschata)*. Poussant généralement sur les sols remués, les terres abandonnées, elles valent surtout par leurs feuilles molles et douces, riches en ***mucilages****, excellentes pour velouter votre potage froid de l'été. Et, bien sûr, pour accompagner vos salades fraîches du jardin, auxquelles, pour le plaisir des yeux, vous ajouterez quelques fleurs (roses, veinées de violet).

consoude, un goût marqué

La consoude *(Symphytum officinale)* aime les lieux humides : prairie, bord de l'eau, fond de vallée. Plutôt grande, elle porte des fleurs en forme de cloche, roses, bleues ou blanches selon les individus, des feuilles un peu mucilagineuses* et de toucher râpeux, ce qui, dans le langage populaire, lui vaut le nom de « langue de vache ». Froissées, en salade, elles ont un léger ***goût iodé***, de sole (certains ajoutent de concombre). Collées dos à dos, elles se laissent frire dans une pâte à crêpes, à la manière d'un beignet. Quant à la racine*, ramassée jeune et bouillie longtemps (elle peut être coriace), son goût tient un peu de la scorsonère. Vous ne connaissez pas ce légume au nom étrange ? Mais si : les « salsifis » que vous trouvez en boîte au supermarché ne sont autres que… des scorsonères !

Deux petits bémols, cependant : ne la confondez pas avec la mortelle digitale (leurs feuilles se ressemblent un peu) et n'en abusez pas (elle contient des alcaloïdes toxiques, dangereux pour le foie).

pourpier

Encore une « mauvaise herbe », au sens du jardinier pour qui il est envahissant. Trop. Car le pourpier *(Portulaca oleracea)* s'étale, rampe, prend ses aises, répand ses tiges rougeâtres et feuilles charnues à même le sol. Hier, pourtant, il entrait dans le potager et la cuisine médiévale : crues, ses feuilles assaisonnaient les salades, cuites, elles se faisaient légumes parfumés. Avec d'autres herbes (menthe, armoise, mélisse…), il accompagnait à merveille la viande de porc hachée, plutôt grasse, le tout bouilli dans un gros chaudron placé dans la cheminée. Pour ma part, l'été, j'aime goûter la ***fraîcheur croquante et acidulée*** de ses feuilles, pleines de vitamines. Et pourquoi pas en faire le fond d'un gratin ? Ou l'utiliser pour rehausser le goût d'un plat chaud ? Succès garanti auprès de vos convives étonnés !

galinsoga

Lui aussi très présent au jardin, le galinsoga à petites fleurs *(Galinsoga parviflora)* est, comme le pourpier, non cultivé. Donc, indésirable. Son origine américaine le distingue des plantes précédentes : là-bas, au-delà des mers, il est un ***légume feuille*** très apprécié qui entre dans la vaste famille des brèdes. Il se récolte jeune, avant que les fleurs n'apparaissent. Alors, plutôt que de pester contre cet indésirable, en désherbant récupérez-le et faites-le cuire à la manière d'un simple épinard. Vous avalerez une bonne dose de vitamines, de fer et de calcium. Et n'attendez pas que le froid s'invite : il gèle très vite.

oseille des prés

Vous connaissez sans doute l'oseille du jardin. Mais savez-vous que sa cousine sauvage *(Rumex acetosa)* possède les mêmes caractéristiques et vertus culinaires ? Elle croît spontanément dans les prairies et lieux humides. Ses jeunes feuilles sont bonnes pour la salade, à laquelle elles vont transmettre leur côté ***acidulé***. De même, elles relèvent agréablement farces, courts-bouillons, omelettes et poissons (qui ne connaît pas le saumon à l'oseille ?). Dans la poêle, avec une pointe de beurre, je les vois fondre avec une rapidité déconcertante. Néanmoins, comme la rhubarbe, l'oseille est riche en acide oxalique, c'est pourquoi mieux vaut ne pas en abuser, surtout si vous êtes rhumatisant(e) ou souffrez d'une maladie du système urinaire.

berce sphondyle

La berce sphondyle *(Heracleum sphondylium)* s'observe le long des chemins et des routes, dans les prairies fraîches. Vous la reconnaîtrez facilement : grande taille, ombelles* épanouies de juin à l'automne et, disent certains (mais je serais plus nuancée), odeur marquée de pipi de chien. Une fois repérée, car elle pousse toujours au même endroit, vous pourrez, au cours du printemps suivant et avant la floraison, cueillir ses jeunes feuilles et tiges tendres (celles-ci exhalent, elles, une fine odeur de mandarine). Avec la berce, tout est possible : ***gratins*** (en mélange avec des pommes de terre, de la crème fraîche, des aromates divers), ***salades*** et ***soupes***. Vous l'aimez ? Les animaux domestiques aussi : lapin terré dans son clapier, vache ruminant à l'étable, mouton bêlant dans sa bergerie, tous raffolent de ses feuilles. Sachez seulement qu'en vieillissant, ses tiges deviennent fibreuses, inadaptées aux dentitions et estomacs délicats.

Plantes d'hiver

racines sauvages

Même en hiver, la nature reste un garde-manger. Mais, cette fois, les bonnes choses ne se trouvent plus dans les fleurs ou les feuilles : elles ont migré dans les racines*, rhizomes* et autres tubercules*, véritables réservoirs d'amidon et d'inuline. Attention ! presque toutes – bardane, panais, carotte sauvage – sont des plantes dites ***bisannuelles*** : la première année est celle des feuilles et des racines qui font alors le plein de réserves ; la seconde, celle des fleurs qui épuisent les précédentes, les rendant dures comme du bois et donc immangeables. Mais l'hiver, entre ces deux périodes, elles sont pour vous. Il suffit de les déterrer après les avoir repérées (lorsqu'elles étaient en feuilles). N'abusez pas de la cueillette : un pied prélevé est un pied perdu. Allez là où ces plantes poussent en abondance.

panais

Ce cousin *(Pastinaca arvensis* et *P. sativa)* de la carotte sauvage *(Daucus carota)* pousse volontiers sur les bords des chemins, fleurissant à la fin de l'été. Du genre âcre et filandreux, *P. arvensis* est plus rustique que *P. sativa*, lequel, à vrai dire, est amélioré (il se cultive en tant que légume). Comme tel, il se prépare à toutes les sauces : sa ***grosse racine charnue*** (d'odeur quand même pénétrante) peut entrer dans le ragoût, le pot-au-feu et la purée. Sachant cela, laissez courir votre imagination… Par exemple, vous pouvez le servir en tourte, aromatisé de noix muscade. Ou encore en soupe, mélangé au poireau et à l'oignon (effet diurétique garanti). Enfin, coupée en fines tranches, la racine se laisse frire à la manière d'un beignet. Quant à ses ***fruits aplatis***, de saveur piquante, ils sont utilisés comme condiments.

bardane, bis

En hiver, c'est sa racine* que vous apprécierez (prélevée aux conditions énoncées p. 166) : vous lui trouverez sans doute un ***subtil goût d'artichaut***. Comme elle noircit vite, il faut la peler tout aussi vite, la faire tremper et la cuire sans attendre. Bouillie, elle compose une délicieuse et onctueuse purée ; mais vous pouvez aussi la manger en gratin, en soupe, avec d'autres légumes, la faire frire, enrobée de pâte à beignets, ou bien la servir crue, finement hachée, accompagnée d'huile d'olive. C'est au choix. Sachez qu'au Japon on en fait grand cas (elle pousse aussi très bien là-bas), qu'elle y est même cultivée et vendue sous le nom de *gobo*.

increvable plantain

Le plantain *(Plantago sp.)* peut être grand *(P. major)*, moyen *(P. media)* ou bien lancéolé *(P. lanceolata)*. Peu importe ! Il est partout, dans un pré, sur le bord d'un chemin, à la lisière d'une haie ; et toujours là, présent ***d'un bout à l'autre de l'année*** et de notre hémisphère. Il se reconnaît facilement à ses feuilles très nervurées, disposées en rosette, partant directement du sol. L'été, vous pouvez introduire ses feuilles tendres et croquantes, légèrement amères, dans votre salade ; elles lui conféreront un léger goût de noisette. L'hiver, vous pourrez utiliser ses graines, très nutritives, dans une salade ou une soupe.

Un déjeuner aux herbes sauvages

épatez vos amis !

Servez-leur un ***repas aux herbes***, piochées directement dans la nature. C'est le printemps, et vous êtes parti(e) de bon matin cueillir les plantes nécessaires. Voici une salade fraîche de pissenlit (si les feuilles ne sont pas trop âcres) ou de laiteron maraîcher, assaisonnée d'herbes aromatiques (voir p. 186-195), prélevées à votre choix ; une omelette de jeunes asperges vertes (surtout si vous habitez le Midi : voir p. 211) ou une gougère à base de chénopode blanc (pâte à chou mélangée aux feuilles), de la viande et du fromage (voir plus bas), une tarte aux framboises ou à la rhubarbe (seule concession au jardin). Pour finir, vins, liqueurs variées, café ou tisane. À base de plantes, évidemment !

dans la viande

Vous pensez que la solide côte de bœuf juste dégustée sent bon l'herbe sauvage et le grand air ? Vous avez raison. Car elle provient de l'étal de votre boucher qui s'approvisionne chez un éleveur. Or, ce dernier nourrit ses bêtes à l'herbe du pré : elles ont folâtré parmi les fleurs et, selon les lieux, ruminé lentement à l'ombre d'un vieux chêne (bocage), parcouru les estives d'un pas tranquille (montagne), copiné avec un héron garde-bœufs (région d'étangs). Comme une part de nos 365 fromages hexagonaux, il est donc naturel que votre viande ait ***l'odeur des vastes et naturels pâturages***, de goût différent de celle que produisent ces animaux tenus toute l'année dans l'étable, arrimés à leur portion de maïs (pour les glucides), de soja américain (pour les protéines) et de tourteaux de colza ou de tournesol (pour les matières azotées)…

dans le fromage

Vous aimez le ***chester*** anglais, sans doute séduit(e) par sa couleur jaune orangée ? Couleur due à une plante, le gaillet vrai *(Galium verum)*. Il en est de même de la ***mimolette*** à pâte dure, spécialité du Nord, qui doit sa teinte particulière à… la carotte toute bête. En vous tournant vers la Normandie et son ***livarot***, interrogez-vous sur la sangle qui enserre le fromage : elle provient d'une plante du marais, la massette *(Typha latifolia)*, celle-là même qui, dans votre maison, a pu finir en triste quenouille (voir p. 79-80). Enfin, vos grands-parents paysans ont peut-être mangé du ***lait caillé***. Ce lait était alors coagulé sur la base d'un gaillet (le même que celui du chester anglais), également nommé « caille-lait jaune » ou « herbe à cailler ».

un goût de fleur

Certains ***fromages*** sentent bon la fleur sauvage. Achetez du salers directement à la ferme : son lait provient de vaches du même nom – elles ont ruminé toutes les fleurs de la montagne et de l'été ; ou le beaufort : il se fabrique, lui, sur la base exclusive du lait tiré du pis des vaches de race Tarine ou Abondance, toutes deux familières des alpages. Et le petit banon ? Vous le trouverez sur les marchés provençaux. Lui, il est dû à ces chèvres espiègles qui, durant 210 jours, ont couru la colline si chère à Jean Giono. De tels fromages gardent un lien évident avec l'herbe et les fleurs sauvages auxquelles, pour une grande part, ils doivent leur saveur toujours unique. Selon les spécialités locales, ce lien peut se retrouver aux quatre coins de la France, montagnes ou régions plus basses.

rhubarbe

Cette rhubarbe *(Rheum palmatum)*, qui nous vient de Chine, a d'abord connu une vie centrée sur la médecine – elle était surtout purgative. En fait, hybride de deux espèces, celle que nous connaissons aujourd'hui se contente d'être légèrement laxative. Si elle entre dans tous les jardins de « curé » ou de « grand-mère » dignes de ce nom, elle trouve aussi sa place sur votre plate-bande potagère. C'est au mois de mars que, subitement, elle commence à déplier ses très larges feuilles, postées sur des tiges raides, presque translucides. Ces tiges que l'on prélève, pèle (il faut supprimer les filaments qui risquent de rester coincés entre les dents), se coupent en menus morceaux pour une ***tarte délicieuse***, à la fois acide et sucrée, que, pour ma part, je nappe de crème fraîche. Mais n'en abusez pas : elle aussi contient des oxalates potentiellement toxiques.

chicorée

C'est en quelque sorte le ***café des ch'tis***. Ma mère est originaire du nord de la France et ne manque jamais, lorsqu'elle fait son café, d'y ajouter une poignée de chicorée *(Cichorium intybus)*, qui exalte le parfum de sa boisson préférée… Vous êtes un(e) inconditionnel(le) du café sans caféine ? Rien de mieux qu'une tasse de chicorée pure !

Plus simple : vous pouvez la cultiver vous-même, au jardin. Elle se multiplie par semis à la fin du printemps et s'arrache à l'automne. Ses racines* sont lavées puis séchées, coupées en morceaux, mises à rôtir jusqu'à ce qu'elles brunissent. C'est le moment de les conserver dans une boîte hermétique. Puis, à mesure et pour le plaisir, vous prélèverez 2 cuillerées à café par tasse d'eau. Après ébullition, puis infusion (10 minutes environ), le tout passe dans le filtre à café. Il n'y a plus qu'à…

gaillet gratteron

Le gaillet *(Galium aparine)* est cette plante très souple, quasi-liane, qui ne vous demandera jamais si elle peut s'accrocher à vous : d'office, elle s'accroche, dès lors que vous la frôlez. Pour cela, elle s'aide de ses petits fruits lardés de minuscules piquants. Mais il n'y a pas que les piquants : ces fruits peuvent aussi se cueillir, juste verts, avant qu'ils ne virent au brun. Ils sont alors parfaits pour entrer dans la préparation d'un ***succédané de café***, ce dont, durant la Seconde Guerre mondiale, les anciens se contentaient. D'ailleurs, lui et le « vrai » n'appartiennent-ils pas à la même famille des Rubiacées ?

vin de sureau

Le sureau *(Sambucus nigra)* offre de multiples possibilités culinaires. Au milieu du printemps, l'arbuste se couvre de blanc, blanc de ses fleurs d'un seul coup écloses. Odorantes qui plus est, bruissant des insectes affairés sur elles. Et bonnes pour une ***liqueur maison***.

- Cueillez des fleurs tout juste épanouies.
- Entassez-les dans un bocal et recouvrez-les d'alcool fort.
- Laissez macérer durant une vingtaine de jours.
- Filtrez, récupérez l'alcool et ajoutez 2 l de votre vin blanc préféré (moelleux, de préférence).
- Sucrez à votre convenance, mélangez et mettez en bouteilles.

(Pour plus de détails sur la plante, voir p. 226.)

un sirop et une limonade

Outre la liqueur, vous pouvez aussi envisager un sirop de ***sureau***.

- Prélevez quelques ombelles* sur lesquelles vous versez de l'eau bouillante.
- Ajoutez sucre et citron tout en remuant.
- Laissez infuser au frais durant 2 jours

- Filtrez, puis faites chauffer jusqu'à ébullition.
- Versez le liquide bouillant dans des bouteilles stérilisées.

Voici un sirop que vous n'avez plus qu'à déguster (avec de l'eau froide).

Et, pour les enfants, une limonade : jetez 7 ombelles, 1 kg de sucre, 1 citron coupé et 5 l d'eau dans un faitout que vous recouvrez d'un linge. Laissez fermenter au soleil quelques jours (en venant remuer de temps à autre). Filtrez : c'est prêt.

liqueur de cassis

Cette liqueur se prépare facilement avec les baies noires de cassis *(Ribes nigrum)* que vous cueillez au jardin à la fin du ***printemps***. Sachez cependant que les baies cueillies gardent souvent les « peaux » du calice, désagréables au palais (à vous de voir…).

- Dans 1 l d'eau-de-vie (au moins 40° et de qualité, bien évidemment), faites macérer 1 kg de baies (préalablement lavées) auxquelles vous aurez ajouté quelques feuilles.
- Laissez reposer 2 mois.
- Retirez les fruits, filtrez et ajoutez à l'alcool un sirop de sucre (375 g pour 1/2 l d'eau) passé à ébullition.
- Mettez en bouteille.

tisane

Elle redevient terriblement tendance. Parce qu'elle fait du bien, qu'elle est *slow*. En effet, l'infusion de ***feuilles*** ou de ***fleurs*** dans de l'eau chaude demande un peu de temps, que vous pouvez mettre à profit pour décompresser, regarder l'eau verdir ou blondir (selon la plante choisie), « vivre l'instant présent » (qui n'est ni celui d'avant ni celui d'après), échanger quelques mots avec votre commensal sur la simplicité du breuvage.

Optez, par exemple, pour une tisane de mélisse, fraîchement cueillie sur une plate-bande de votre jardin : 4 ou 5 feuilles suffiront. Elle facilitera votre transit digestif et vous emportera, de bonne humeur, dans les bras de Morphée. Et, toute « pisse-mamie » qu'elle est (si poétiquement dénommée), n'a-t-elle pas fait le bonheur de votre grand-mère, voire sa longévité ?

Pissenlit *(Taraxacum officinale)* et chicorée *(Cichorium intybus)*

Plantes condimentaires et aromatiques

À prélever au jardin

herbes condimentaires

Les herbes aromatiques sont indispensables à la cuisine : la grande, mais aussi la modeste, celle qui fabrique des mets délicieux, à très petits coûts. D'utilisation aussi vieille que le monde, elles font aussi le tour de ce même monde. D'Europe, d'Asie ou d'Amérique, elles se retrouvent toutes au cœur des cuisines européennes, en des mélanges souvent heureux. De fait, certaines ne sont pas originaires de notre sol (les Gaulois ne les connaissaient pas), tandis que d'autres se sont arrêtées dans quelques pays, devenant les ambassadrices d'un indiscutable art culinaire : en Italie, le veau est marié à la sauge ; en Angleterre, l'agneau, à la menthe, dont il ne se sépare jamais ; en Suède, c'est le saumon frayant avec l'aneth, en France, le poulet relevé à l'estragon… Affaire de goût, de créativité, les herbes condimentaires s'ouvrent à ***tous les possibles***.

pourquoi pas chez vous ?

« J*'aime fort les jardins qui sentent le sauvage »*, répétait Pierre de Ronsard. C'était au XVIe siècle… Pourquoi ne pas l'imiter ? Prélever une herbe parfumée en direct pour le ragoût ou la salade… Voilà un ***petit plaisir*** dont il ne faut pas se priver. Si vous avez la main verte et disposez d'un bout de jardin ou de balcon (même exposé au nord), vous pouvez semer quelques graines, repiquer 2 ou 3 pieds dans un pot ou dans un carré de terre fraîchement remuée. Des semis et jeunes plants à chouchouter tout comme votre caoutchouc ou le noyau d'avocat que votre fils (fille) vient de mettre à germer. À savoir, cependant : les parfums et principes du thym ou de l'aneth cultivés *at home* seront moins actifs, moins denses que si vous préleviez ces plantes en direct sur un coteau ensoleillé.

coriandre

« E*ntier, a bonne odeur, frotté entre les mains, pue trop fort…* » C'est ainsi que l'Anglais Barthélemy (franciscain du XIIIe siècle) décrit la coriandre *(Coriandrum sativum)*, aussi nommée « persil arabe » ou « persil chinois », sans doute pour la forme de ses feuilles. Connue depuis la plus Haute Antiquité, elle est ***portée au pinacle autant que crainte***, car, pensent certains, elle peut *« entraîner un* *état de folie, la perte de l'intelligence et allant même jusqu'à faire mourir de stupeur… »* Rien de moins. En matière de goût, il y a ceux qui l'adorent (comme moi) et ceux qui font la grimace (mon mari, mes garçons : « *Tu as encore mis de la coriandre dans la salade ?* » Réponse : « *Oui* »). Sur un sol fertile et bien drainé qui reçoit sa dose juste de chaleur et de soleil, elle pousse bien, fleurit vite, graine pareillement. Graines et feuilles entrent dans les soupes, salades, ragoûts, mais sont de saveur différente : douce, avec un parfum d'orange chez les premières, plus marquée chez les secondes.

persil

Si les Grecs associent le persil *(Petroselinum crispum)* aux rites funéraires, les Romains, plus prosaïques, se délectent à l'introduire partout, dans les salades et sauces. Habitude non démentie dans les siècles qui suivront et qui, même, verront le persil prendre du galon. Ainsi, au Moyen Âge, l'école de Salerne explique que *« c'est un condiment utile qui réveille un estomac débile ».* Mais le persil suscite aussi des superstitions qui ont trait à l'amour, à la mort, à la méchanceté, à l'honnêteté… Ce qui n'empêche pas la cuisinière de l'utiliser en assaisonnements divers, salades, plats mijotés et autres ragoûts ; de le faire entrer dans le beurre d'escargot, de le poser délicatement sur la tête de veau (à moins de le fourrer dans ses oreilles) et d'en faire le roi du bouquet garni. Il est plat (saveur piquante et subtile) ou frisé (moins goûteux mais plus décoratif). Sachez que, chez cette plante vivace, ***les tiges sont plus parfumées que les feuilles***.

singulier estragon

L'estragon *(Artemisia dracunculus)* vient d'Asie occidentale, sans doute apporté par les Arabes à qui, dans de nombreux domaines (cuisine, médecine…), nous devons beaucoup. *« Dracunculus »* fait allusion à un petit dragon ou à un serpent, car ses feuilles linéaires évoquent la langue fine d'un reptile… Cette plante vivace reste tous les ans à la même place, se multipliant par voie végétative : il suffit de diviser les touffes âgées. Prélevez les brins avant l'éclosion des boutons floraux, c'est à ce moment que l'estragon livre ses meilleures saveurs. Il est d'ailleurs ***très parfumé***, si parfumé qu'il vaut mieux l'utiliser (feuilles fraîches, si possible) avec parcimonie, sous peine d'occulter le reste de votre plat. Mais il demeure essentiel dans la réussite des sauces, béarnaise et tartare, des salades de tomates fraîches (voici un mariage qui dure) et, bien évidemment, du poulet dit « à l'estragon ».

bien-aimé cerfeuil

Natif du Moyen-Orient, le cerfeuil *(Anthriscus cerefolium)* est apprécié des Romains qui en raffolent et le mettent à toutes les sauces. Pareillement, le Moyen Âge l'ovationne : *« Il rétablit l'estomac dévoyé quand, sur l'endroit malade, on l'applique broyé »*, précise la fameuse école de Salerne qui s'y connaissait. Un peu plus tard, il est, selon le *Mesnagier de Paris* (traité de morale et d'économie domestique publié à la fin du XIVe siècle), l'ingrédient qu'il faut pour une tourte aux herbes, à jeter dans un mélange de persil, œufs, fromages frais et fromages vieux, épinards et gingembre ; et qui rassasie le plus costaud des laboureurs au champ. Il entre aussi dans la composition de salades et de délicieux potages printaniers (blancs de poireau, pommes de terre : dans ce cas, ajoutez-le au dernier moment). Il est cultivé sur des sols légers, se propage par semis naturel et doit être ***cueilli régulièrement***, car il monte vite en graines.

précieux aneth

Voici une épice à cultiver en son jardin : semée en mars, elle fournit des graines dès septembre. Cette ***belle fleur si aromatique*** *(Anethum graveolens)* de la famille des Apiacées présente de fines feuilles d'un goût raffiné. C'est bien simple : toute l'Europe du Nord en raffole. Vous pouvez hacher ses feuilles (de saveur piquante, légèrement anisée et citronnée) et les conserver dans du vinaigre ou du sel (dans ce cas, il faut les utiliser assez vite), mais aussi les faire sécher, puis les conserver dans un récipient hermétique. Dans un plat, mieux vaut les ajouter au dernier moment : elles conserveront tout leur arôme. Les graines font affaire avec les gâteaux, le pain, les plats en sauce, les salades… sans omettre, bien sûr, le poisson, avec une mention spéciale pour le saumon.

épice indigène

La ***moutarde*** *(Sinapis sp.)* est de la même famille que le colza. Dans la nature, elle est blanche *(Sinapis alba)*, des champs *(Sinapis arvensis)* ou noire : dans ce cas, elle change de genre *(Brassica nigra)*. Plongées dans du vin blanc, du vinaigre ou du verjus, les graines fermentent avec le temps. Vous pouvez les utiliser à l'état brut, comme du sel ou du poivre, mais vous avez tout intérêt à les ***associer au vinaigre***. Au Moyen Âge, la moutarde était épice : les paysans l'avaient constamment sous la main, utilisée en lieu et place du poivre, trop cher. Gargantua s'en régalait, à l'image de ses riches contemporains se complaisant dans de gigantesques banquets.

de la moutarde chez soi

La fameuse moutarde en pot se fabrique depuis le Moyen Âge sur la base de la moutarde noire *(Brassica nigra)* et de ses minuscules et très nombreuses graines (1 kg en compte environ 500 000). Ce qui ne vous empêche pas d'utiliser les graines de la blanche *(Sinapis alba)* pour aromatiser vos cornichons au vinaigre, préparer des marinades ou relever quelque assaisonnement de salade. Si vous n'avez pas de jardin, ni même de balcon, vous avez quand même la possibilité de faire pousser ***quelques pieds dans votre cuisine***. Il vous suffit d'une soucoupe d'eau garnie de coton hydrophile (rappelez-vous l'expérience du haricot germé lorsque vous étiez à l'école primaire) : très vite, vous récolterez quelques graines que vous pourrez ensuite parsemer sur tous vos plats préférés (salades fraîches, soupes…).

basilic

Le basilic *(Ocimum basilicum)* gratifie les plats de son ***parfum incomparable***. Pour l'avoir sous la main, le mieux est de le cultiver vous-même, y compris sur votre balcon : il pousse facilement en pot. Très varié (il peut être rouge, vert, à grandes ou à petites feuilles, frisé ou non), il « donne » avec constance, pourvu que le sol soit bien drainé et qu'il ait la tête au soleil. Il se consomme frais – les feuilles sèches ne valent rien – ou bien congelé : son arôme est alors conservé. Pour en profiter tout l'été, n'hésitez pas à le cueillir régulièrement.

Pour moi, il fait tellement partie de l'été que je le consomme au fur et à mesure, tant qu'il dure… jusqu'à la toute première gelée qui le fait noircir. Je l'intègre dans la ratatouille (un peu durant la cuisson et le reste à la fin pour qu'il conserve son parfum), la salade de tomates (au tout dernier moment, finement ciselé), en accommode la courgette, l'aubergine (du jardin, bien sûr) et, pour finir, l'incorpore dans un plat de pâtes sous la forme d'un *pistou* ou *pesto* (mélange de basilic, ail, persil, huile d'olive, parmesan râpé, sel et poivre).

À cueillir dans la nature

ici et là

Certaines herbes sont cultivées pour être à portée de main : c'est le rôle du jardin. Mais d'autres se cueillent sur le bord d'un chemin, au coin d'un bois, d'une prairie, et elles procurent le même plaisir. Chacune est particulière, comme si elle avait décidé de pousser là et pas ailleurs, afin de dégager le meilleur d'elle-même : goût, parfum, vivacité. Elles sont donc d'un ***lieu***, mais aussi d'une ***saison***, faites pour accompagner une salade, une viande rôtie, un poisson, voire un dessert. À vous de les découvrir !

origan des talus

Une pizza sans origan n'est pas une « vraie » pizza (à la manière italienne, bien sûr, et non pas fast-food). Il lui faut cette ***herbe semi-sauvage*** qui, un peu partout, épanouit ses fleurs mauves sur les talus herbeux ; mais d'arôme d'autant plus marqué qu'elle pousse sur des sols secs et calcaires, ensoleillés surtout. Son goût âpre sent bon la chaleur de l'été.

L'origan *(Origanum vulgare)* est le proche cousin de la fine marjolaine *(O. majorana)* qui, elle, est davantage cultivée au jardin. Tous deux entrent dans de nombreux plats, légumes crus ou cuits (ratatouille), poissons et viandes. Une condition, cependant : leur délicat parfum n'est conservé que s'ils sont introduits au dernier moment de la cuisson. L'origan aromatise, tout simplement, une salade fraîche de tomates juste arrosée d'huile d'olive. Le bonheur !

fenouil, l'envahissant

Le fenouil *(Foeniculum vulgare)* est aussi utilisé en Chine, au Proche-Orient, en Inde. Il a beaucoup voyagé, suivant l'homme et sa route. Très aromatique, il se reconnaît à ses feuilles, réduites à de fines nervures et si légères ! Il fréquente, surtout dans le Midi, les berges des chemins, les roches claires et plutôt calcaires. Mais il se plaît aussi au jardin. Par exemple, dans le mien (berrichon), il a tendance à essaimer, à « faire des petits » dans les plates-bandes d'à côté : j'en supprime donc au fur et à mesure.

En cuisine, le fenouil est partout : dans la choucroute, le poisson bien sûr (maquereau, au nord de la France), la viande et les légumes seuls. Vous pouvez aussi en faire du « thé », de la « fenouillette » et, comme Apicius, célèbre cuisinier romain du Ier siècle apr. J.-C., l'introduire dans une sauce : mélange de poivre moulu, persil, menthe, miel, vinaigre et bouillon de légumes.

genévrier, un parfum original

Chez le genévrier *(Juniperus communis)*, ce sont surtout les « baies » qui sont recherchées. Mais, pour être exact, ce ne sont pas de vraies « baies » : le genévrier est un conifère qui, par définition, n'a pas de fruits, mais des cônes. Ces cônes, riches en ***tanins*** et ***huiles essentielles***, aromatisent un gibier qui sent fort, un pâté dont vous avez le secret, un poisson mariné ; mais aussi accommodent la choucroute, la betterave rouge, le pot-au-feu. Le genévrier est un arbuste aux aiguilles acérées qui pousse un peu partout : sur les coteaux ou le fond des tourbières, le haut des montagnes ou les lieux ventés. Sa seule exigence : la lumière. Très souvent, sa présence indique aussi celle des orchidées, si chères au cœur des naturalistes.

armoise, la vagabonde

L'armoise *(Artemisia vulgaris)* vagabonde un peu partout : sur les bords des chemins, dans les décombres, les zones incultes. Et pourtant, elle est ***si peu***

connue ! Il est vrai qu'elle porte des fleurs médiocres, verdâtres et peu apparentes, des stries rougeâtres sur ses tiges cannelées, des feuilles découpées et blanchâtres qui ne se remarquent guère. Elle aromatise surtout des viandes rôties, porc et mouton, volailles aussi (à ajouter avant de mettre le plat au four). Cueillez-la avant éclosion de ses fleurs (ensuite, elle devient amère), puis préparez des bouquets que vous mettrez à sécher dans un lieu bien ventilé, comme d'habitude. Vous avez sans doute remarqué qu'elle cousine avec l'estragon (genre *Artemisia* pour les deux), mais *dracunculus* pour lui et *vulgaris* pour elle.

Spécialités locales

En montagne

liqueur de gentiane

Autrefois, la liqueur de gentiane *(Gentiana lutea)* soignait les fièvres « intermittentes » sous le nom de ***« vin de quinquina »***. Aujourd'hui, elle est mieux connue pour exciter l'appétit : sous différentes appellations, elle est servie à l'apéritif, au coin d'un bar ou chez soi.

Dans cette boisson, seule la racine, grosse et charnue, de cette grande fleur aux cloches jaunes est concernée. Laquelle, dans la nature, se fait rare, car trop recherchée… Si vous décidez de vous lancer dans la confection de liqueur de gentiane, mieux vaut acheter la racine chez un herboriste que de la prélever vous-même : la plante ne s'en portera que mieux. Durant 10 jours, faites-en macérer un gros morceau dans 1 l de vin blanc (moelleux, de préférence), 1 verre d'eau-de-vie, 30 morceaux de sucre, 25 g de zeste de citron. Vous pouvez aussi ajouter des fleurs de camomille. À boire très frais.

génépi, liqueur des chartreux

Voici une autre armoise *(Artemisia genipi)* ! Mais celle-là est de la montagne, de l'étage alpin même, et ne se récolte pas facilement : d'une part, parce que vouloir l'atteindre demande de gros efforts physiques, d'autre part, parce qu'elle est rare (à cause de récoltes abusives), en conséquence protégée dans quelques départements. Mais sa liqueur est ***réputée***, surtout celle que fabriquent les moines – entre autres –, au fin fond des abbayes. Dans bien des cas, d'ailleurs, à partir d'armoises cultivées. Petite entorse : plutôt que vouloir absolument la prélever à vos risques et périls (dans tous les sens du terme), allez donc faire vos emplettes chez les producteurs, vous rendrez ainsi hommage à leur savoir-faire, vieux de plusieurs siècles.

chénopode bon-Henri

Il existe plusieurs espèces de chénopodes, mais le meilleur (sur le plan culinaire) est sans doute le « bon-Henri » *(Chenopodium bonus-henricus)*. Vous le reconnaîtrez à sa grande taille, à ses larges feuilles vert foncé en forme de fer de lance. Féru d'altitude (il ne pousse pas en plaine), il se rencontre partout, dans les villages, près des vieux murs, ***en tous lieux qui sentent la proximité de l'homme*** (d'où son nom). Au printemps, ses jeunes tiges et fleurs se préparent à la manière des asperges (cuites à la vapeur et servies en vinaigrette) ; l'automne, ses feuilles plus coriaces se cuisinent comme de simples épinards. Montagne oblige, vous le consommerez forcément avec de la crème, du fromage (de là-bas, bien sûr) et ne serez pas déçu(e).

myrtille des sous-bois

C'est le « raisin des bois », le « raisin de bruyères », le « bleuet », la « myrtille noire » : dans les bois clairs, au milieu des bruyères, surtout de montagne, vous trouvez cet arbuste *(Vaccinium myrtillus)* qui, au cœur de l'été, produit ses fruits violets pas plus gros que des petits pois, doux et sucrés lorsqu'ils sont bien mûrs. Ils entrent dans des ***marmelades*** et des ***confitures***, des ***sirops***, des boissons à boire.

confiture de myrtilles

Pour 4 à 5 pots, il faut prévoir 1 kg de myrtilles pour environ 750 g de sucre.

- Faites chauffer le sucre dans un peu d'eau.
- À ébullition, incorporez les myrtilles ; mélangez, faites cuire durant une petite demi-heure.
- Versez dans des pots à confiture et retournez-les jusqu'à complet refroidissement.

framboise sauvage

Certes, vous connaissez la framboise de votre jardin ou celle, cultivée, que vous achetez en barquette, la saison venue. Mais il y a l'autre, la sauvage *(Rubus idaeus)*, qui, elle, pousse dans les sous-bois montagneux, au bord des chemins bordés de pierres. Plus petite, elle est d'une saveur dont on se souvient. D'ailleurs, pas plus bêtes que nous et certainement aussi gourmets, les hommes du Néolithique la cueillaient.

Très ***proche de la ronce*** (du même genre *Rubus*), elle donne lieu, comme elle, à diverses transformations : confiture, gelée, sirop – très rafraîchissant (1 kg de jus épuré et 1,750 kg de sucre, le tout dissous à faible chaleur). Le vinaigre a aussi ses adeptes (1,5 kg de framboises à faire macérer dans 1 l de vinaigre blanc, pendant 1 semaine et demie environ).

Au bord de la mer

aster maritime

Voici une plante *(Aster tripolium)* qui ne vous laissera pas indifférent(e) : vous apprécierez surtout ses ***jeunes feuilles***, charnues comme il faut, et les dégusterez avec autant de plaisir qu'une délicieuse platée d'épinards (à la crème, si possible), aromatisée de toutes sortes d'épices (poivre et noix muscade, notamment). Également nommée « oreille de cochon », elle présente de jolies fleurs qui fleurissent au cours de l'été : ligules* de couleur pastel et cœur jaune. Elle se plaît bien sur les rivages salés et régulièrement immergés du pourtour côtier de la France.

salicorne, dans la vase

Au bord de la mer, si vous fréquentez ces lieux incertains qui oscillent entre eau rude et terre molle (soit les vases salées), vous n'éviterez pas la salicorne *(Salsola sp.)*. Ne cherchez ni fleurs ni feuilles : elles existent bien, mais sont si minuscules qu'elles ne correspondent pas à ce que l'on sait d'une « vraie » fleur et d'une « vraie » feuille. En revanche, elle porte sur ses tiges des appendices visibles.

Juste cueillie, vous l'apprécierez ***crue*** (surtout au mois de mai, dans sa prime jeunesse), ***poêlée*** comme des haricots verts ou ***confite au vinaigre***. En l'achetant toute prête, vous passerez à côté de ce fastidieux travail qui consiste à faire le tri entre elle et d'autres brins non désirés – dans la vase, elle n'est jamais seule. Depuis quelques années, elle se cultive sur la côte atlantique, faisant même l'objet du label Agriculture biologique.

arroche halime

De la même famille que l'épinard ou le chénopode, l'arroche *(Atriplex halimus)* se nomme aussi « pourpier de mer » : voici un arbrisseau typique du bord de mer. Ses feuilles épaisses se mangent ***crues***, en salade délicatement assaisonnée, ***cuites***, à votre façon (à la poêle, en gratin, etc.), ou bien ***confites*** au vinaigre.

Il existe aussi une espèce cultivée *(Atriplex hortensis)*, autrefois inconditionnelle du potager et joliment nommée « chou d'amour » ou « glorieuse ». Pourtant, avertit Platearius dans le *Livre des simples médecines* (XIIe siècle) : *« En cuisine, en purée, nourrit peu. »* Que cet avis ne vous empêche pas de la poêler dans un mélange d'épinards, d'oignons et de différentes épices, le tout arrosé d'huile d'olive. Vous vous en souviendrez.

criste-marine

La criste-marine *(Chrithmum maritimum)* ne semble jamais affectée par les embruns, le vent, la pierre dure sur laquelle, entre deux bourrasques salées, elle s'accroche si simplement. Ne se nomme-t-elle pas aussi « perce-pierre » ? C'est une petite Apiacée (comme la carotte) aux feuilles rondes et charnues, luisantes, qui se croquent, comme un fruit sec, comme une ***gourmandise***. Vous l'apprécierez en salade pour sa saveur salée qui vous rappellera la mer et, pour le souvenir, confite au vinaigre (mêlée à de l'ail finement haché). Elle se consomme également cuite à la vapeur, *al dente*, juste assaisonnée d'un filet d'huile d'olive. Conservée dans une bouteille bien étanche, elle agrémentera vos salades, platées de moules et autres poissons.

argousier, l'épineux

Hippophae rhamnoides. À ne pas confondre avec l'arbousier (voir p. 208). Cet arbuste, épineux et envahissant, forme des buissons touffus dans lesquels se perdraient les lapins, y compris les plus malins. Il est de la mer (il fixe les dunes côtières de la Manche, de la mer du Nord), mais pousse aussi dans les vallées alpines. Peu visibles, ses fleurs minuscules éclosent au printemps, tandis que ses fruits (des ***baies***), aussi riches en vitamine C que le cynorrhodon, mûrissent dès septembre, restant ensuite tout l'hiver sur les rameaux effeuillés. Si vous les cueillez, garez vos doigts : les épines ne manqueront pas de se rappeler à votre bon souvenir. Condimentaires, les baies accompagnent un poisson, mais se transforment aussi en gelées, sirops, compotes et autres confitures. Dans ce dernier cas, ne lésinez pas sur le sucre (même poids que les fruits), qui corrigera leur forte acidité.

Dans le maquis méditerranéen

arbousier, le prolifique

Dans le maquis méditerranéen, cherchez le chêne-liège et vous trouverez l'arbousier *(Arbutus unedo)* : tous deux sont inséparables, fidèles compagnons, l'un grand et majestueux, l'autre plus petit, à feuillage persistant, condamné à rester arbrisseau. Mais si prolifique ! À l'état frais, ses gros fruits rouges juteux sont plutôt fades, peu sucrés, désagréables au palais (à cause des nombreuses petites graines formant protubérances) comme à l'intestin. En revanche, quel délice une fois transformés en ***confiture*** ! À condition d'avoir supprimé les fameuses protubérances : pour cela, passez les fruits dans un moulin à purée.

Sachez que l'arbousier se rencontre également au détour d'un chemin… dans les fraîches Irlande et Bretagne. En tout cas, loin des chauds maquis méditerranéens et de leurs chênes-lièges. Telle est sa vie.

Arbousier *(Arbutus unedo)*

câpres si aromatiques

Le câprier *(Capparis spinosa)* est surtout connu pour… ses câpres provenant des boutons floraux (cueillis au cœur de l'été) et des fruits (moins tendres). C'est un buisson aux feuilles claires, aux fleurs blanc rosé, odorantes (mais de floraison courte : moins de 24 heures). Il pousse près des rochers et des vieux murs exposés au soleil, sur des terrains ingrats que refuse la charrue.

Les câpres peuvent se confire au vinaigre, comme des cornichons (1 l de vinaigre pour 1 kg de câpres, à laisser 3 mois en barrique). Elles font aussi l'objet d'une ***sauce fameuse*** : mêlez beurre chaud et farine, en quantités égales, pour réaliser un roux blond, ajoutez du bouillon (de poule) et des câpres entières. À servir pour accompagner un poisson (la raie, par exemple).

Si vous n'avez pas de câpres sous la main, pensez aux graines de capucine, à cueillir vertes : elles feront (presque) le même effet. Elles, se trouvent partout…

sarriette des montagnes

Dans le Midi, la sarriette *(Satureja montana)* affectionne les pelouses rocailleuses et ensoleillées. C'est un petit arbuste touffu, d'un beau vert, de saveur ***très chaude et***

aromatique qui ne fleurit (fleurs roses ou blanches) qu'au milieu de l'été. Si, dans la nature, vous prélevez quelques brins, c'est forcément pour les insérer dans du fromage frais (de chèvre ou de vache) : un régal ! À moins que vous ne vous laissiez tenter par un civet de lapin (à aromatiser pareillement) ou, tout bonnement, comme le thym, ne la fassiez figurer dans vos assaisonnements. Enfin, si vous êtes citadin(e), vous pouvez toujours en acheter un pot (qui se trouve facilement dans le commerce) et le placer où vous voulez, y compris sur votre balcon.

hysope, sauvage et cultivée

Vous voyez fleurir cette petite plante vivace *(Hyssopus officinalis)*, tout au long de l'été, sur les rocailles arides et ensoleillées du midi de la France. Elle est déjà un peu ligneuse, porte des fleurs bleues très odorantes, qui attirent l'œil humain et les insectes. Mais elle se raréfie, en raison des cueillettes exagérées et de l'embroussaillement qui finit par la priver de soleil.

Vous pouvez heureusement vous rabattre sur l'hysope cultivée : produite en grand (pour la distillation et les besoins de l'herboristerie), elle trouve aussi sa place au jardin. Comme à la cuisine : de goût ***un peu amer***, elle assaisonne délicieusement les viandes, pâtés, purées de légumes, salades de fruits et de légumes frais, tandis que son huile essentielle entre dans la fabrication de liqueurs.

asperge sauvage

Vous habitez la garrigue provençale ou languedocienne ? Au printemps, sur les berges d'une sente sableuse, au pied d'un vieux mur ou d'un rocher, vous tomberez immanquablement sur quelques jeunes asperges vertes *(Asparagus acutifolius)*, également appelées « balais de l'intestin ». D'une certaine façon, elles nettoient l'organisme… Fines, voire malingres, elles ne ressemblent guère à celles du commerce, plutôt grosses et blanches. Mais ***quel goût !*** Jetez-les quelques minutes dans l'eau bouillante, puis servez-les juste à point, agrémentées d'une sauce à la crème, mousseline, ou simple vinaigrette ; ou bien incorporez-les dans une délicieuse omelette.

L'asperge est du printemps, non de l'automne. À cette époque, elle est épineuse et ses fruits (baies noires et charnues) sont toxiques. Les agapes à base d'asperges ne visent donc que les jeunes pousses et rien qu'elles.

roquette vraie

Le temps d'un séjour dans le Midi, partez à la recherche de la roquette *(Eruca sativa)*. Vous la découvrirez au bord d'un chemin, en ces zones un peu incertaines que sont les décombres, terres remuées, jeunes friches ; et la reconnaîtrez à ses poils rugueux sillonnant sa tige, à la couleur changeante de sa corolle* (d'abord jaunâtre, puis lilas clair) et, surtout, à la forte odeur de ses feuilles une fois froissées entre vos mains : une odeur qui oscille entre moutarde et cresson. Dans l'assiette, en compagnie d'autres légumes pour la salade (des haricots, par exemple), vous lui trouverez une saveur ***un peu amère, chaude et piquante***. De plus, ses jeunes feuilles se mêlent merveilleusement bien au fromage blanc frais.

Dans les sous-bois et les forêts

ail des ours

Depuis peu, l'ail des ours (*Allium ursinum)* fait fureur dans les balades gourmandes (voir p. 161). En forêt, près d'un ruisseau courant, au tout début du mois de mai, si vous tombez sur un magnifique tapis vert et blanc et sentez une pénétrante odeur d'ail, pensez à lui : il est forcément devant vous, reconnaissable à ses jolies fleurs blanches en étoile, à ses feuilles luisantes. Celles-ci sont très semblables à celles du muguet, mais son odeur caractéristique permet de ne pas le confondre avec ce dernier qui, lui, est toxique (voir p. 268). Il voisine en général avec la jacinthe bleue *(Hyacinthoides non-scripta)*, l'un et l'autre composant ensemble des sous-bois pleins de gaieté – ajoutez aussi le lamier jaune *(Lamium galeobdolon)*. En cuisine, ses feuilles sont utilisées en ***condiment*** dans la salade, se mélangent à un fromage frais de chèvre ou se préparent en ***pesto***, nature ou accompagné d'amandes (confit dans l'huile d'olive). Sachez cependant qu'à la cuisson il va perdre son arôme aillé : déposez-le sur vos pâtes au dernier moment.

vin d'aspérule

C'est le fameux ***maitrank***, ou vin de mai, signalé depuis le IXe siècle. À fabriquer à la manière des frontaliers du Rhin, alsaciens et allemands, qui en raffolent tous. Dans du vin blanc (du Rhin, bien évidemment) aromatisé de sucre, d'écorces d'orange, voire de brandy (pour ceux qui aiment les sensations fortes), laissez macérer tiges et jeunes fleurs que vous aurez ramassées en forêt : l'aspérule *(Galium odoratum)* se coupe mais ne s'arrache pas (ses racines doivent rester en terre). Bien sûr, vous ferez attention à ne pas piller le coin… Cette plante ne paie pas de mine : chétive et grêle, elle porte de petites fleurs blanches, toutes fines, qui, juste écloses, ne sentent pas grand-chose. En revanche, une fois sèches, elles dégagent une délicieuse odeur de foin séché qui rappelle les douces et chaudes soirées de juin.

marmelade de nèfles

Le néflier *(Mespilus germanica)* est un petit arbuste à fleurs blanches au printemps, dont les fruits viennent six mois plus tard : voici les nèfles, qui ne sont bonnes que blettes, une fois les premières gelées passées. Mais alors, quel délice ! C'est bien simple : j'ai toujours l'impression de manger de la compote en direct. Ce petit plaisir, je le prends sur place et ne demande rien à personne. Cela dit, la nèfle se nomme aussi « cul-de-chien », ce qui est moins savoureux… Mais, pour en revenir aux « vrais » fruits, voici une marmelade ***vraiment délicieuse***, tirée de la lisière forestière ou de la haie proche.

- Faites bouillir les nèfles coupées en menus morceaux durant une vingtaine de minutes avant de les réduire en purée.
- Pour 1 kg, ajoutez 770 g de sucre, éventuellement aromatisé de vanille (gousse).
- Remettez sur feu doux 30 minutes environ.
- Complétez d'un peu de rhum, mélangez le tout et mettez en pots.

Bon à savoir : cette marmelade est antidiarrhéique.

alliaire au goût d'ail

Au bord d'un bois, en lisière d'une haie, vous trouvez cette plante un peu frêle *(Alliara petiolata)* qui, au printemps, développe ses petites fleurs blanches. Comme son nom l'indique, elle dégage une fine odeur d'ail… qui a du sens. Appartenant à la famille des Brassicacées (autrefois Crucifères), en conséquence ***très proche de la moutarde***, elle peut s'utiliser comme condimentaire. C'est ainsi que ses graines vont assaisonner les ragoûts, que ses feuilles et ses jeunes fleurs (toujours fraîches : desséchées, elles ne valent plus rien) vont accompagner les salades. Tous ces plats pourront bénéficier de sa sympathique odeur d'ail. D'ailleurs, les vaches en savent quelque chose : si elles en font bombance, elles produiront du lait à saveur alliacée. Il faut aimer, mais c'était hier…

Douceurs à croquer et à boire

Confiseries

confire l'angélique

À faire surtout avec ***celle de votre jardin*** *(Angelica archangelica)*, car sa cousine *(Angelica sylvestris)*, habituée des prés humides, est quand même moins parfumée.

- Prenez des tiges fraîches, coupez-les, mettez-les à bouillir et blanchir (au naturel, elles sont plus sombres).
- Faites-les reverdir en ajoutant quelques grains de sel.
- Égouttez le tout avant de remettre à bouillir, cette fois dans un sirop de sucre (même poids).
- Nappez les tiges de sucre (qui ont de nouveau bouilli) et répétez l'opération 3 jours de suite.
- Saupoudrez-les de sucre en poudre avant de les placer dans une boîte hermétique.

Ainsi confite par vous-même, l'angélique vaut quand même mieux qu'un fade succédané dont l'industrie a le secret, céleri ou navet, pareillement enrobé.

violettes au sucre

De préférence cultivées (ramassées dans la nature, elles risquent d'être souillées), les fleurs *(Viola sp.)* sont d'abord soigneusement lavées. Prenez-les une à une par leur pédoncule* et badigeonnez-les avec du blanc d'œuf battu en neige. Ainsi repeintes, plongez-les dans le sucre, puis passez-les au four très doux. Voici un ***travail d'artiste*** qui, à coup sûr, vous demandera de la patience, mais vous vaudra, en échange, de grands sourires… Vous les conserverez ensuite dans une boîte hermétique, à l'abri de la lumière, et pourrez les déguster telles quelles ou en décorer joliment vos gâteaux et mignardises.

épine-vinette à tout faire

Familière des zones calcaires (jamais acides), la plante *(Berberis vulgaris)* est connue mais se fait rare : porteuse de la redoutable rouille des céréales *(Puccinia graminis)*, elle est en effet systématiquement éradiquée par les agriculteurs qui craignent toujours de voir ce champignon dévaster leurs récoltes. Bien que largement pourvue de piquants auxquels mieux vaut ne pas se frotter, cette plante propose, l'automne venu, de ***délicieuses***

petites baies rouges, de goût acide et un peu âpre. Ces baies accompagnent les viandes en sauce, gibier de préférence, et, surtout, entrent dans la confection de confitures, gelées, boissons fermentées, confits (les grappes sont jetées intactes dans le sucre, comme les groseilles).

Confitures et liqueurs insolites

gelée de cynorrhodon

Le fruit de la rose, de l'églantine, jolies plantes s'il en est, se nomme cynorrhodon et, plus vulgairement, « gratte-cul » ou « poil à gratter ». Il permet de confectionner des confitures dont l'excellence n'a d'égal que le temps que l'on passe à les fabriquer. Car il faut, justement, supprimer ce fameux « poil à gratter », opération qui est tout, sauf mince. Franchi ce stade, vous couvrez les fruits d'eau, les mettez à cuire, les passez autant de fois qu'il le faut au moulin à légumes afin de supprimer les ultimes filaments (ceux qui risquent de rester en travers de votre gorge). Dans cette purée, jetez une même quantité de sucre, ajoutez un filet de citron, portez à ébullition sans cesser de remuer. Au final ? Une jolie gelée, ***quasi translucide***, qui fera votre fierté, à proportion du temps que vous lui aurez consacré.

sureau noir

En automne, ses baies noires et juteuses, qui tachent les doigts, font d'excellents sirops, confitures, vinaigre (dit « surard ») et autres jus (du vin, par exemple, voir p. 180). Vous n'avez que l'embarras du choix ! Si vous optez pour la ***gelée***, prévoyez un peu de temps pour égrener les ombelles* et faire éclater les graines (à feu) afin d'obtenir un jus lisse. Par la suite, sucrez à votre convenance, faites cuire à feu doux jusqu'à la consistance voulue (vous pouvez ajouter un jus de citron) : les pots attendent le remplissage.

Le sureau noir a un cousin, la yèble *(Sambucus ebulus)*, aux fruits non comestibles. Mais, à sa différence, c'est une herbacée (non un arbuste) qui fréquente le bord des chemins et disparaît totalement durant l'hiver.

cramaillotte

Cette ***gelée aux fleurs de pissenlit*** est une spécialité de la Franche-Comté.

- Récoltez les fleurs fraîches, juste épanouies.
- Après les avoir lavées, étendez-les au soleil afin de les faire sécher.
- Dans une bassine, mettez 3 l d'eau, environ 500 fleurs de pissenlit (c'est dire qu'il faut les compter !), des oranges et

des citrons (bios, bien évidemment) préalablement coupés en morceaux.

- Surveillez la cuisson (à tout petits bouillons) durant 1 heure environ, puis filtrez avant de remettre le liquide sur le feu.
- Ajoutez 2 kg de sucre et faites cuire jusqu'à ce que la gelée ait pris.
- Mettez en pots : le goût de miel, à la fois suave et très fin, de la cramaillotte, vous surprendra vraiment.

délicieuse cornouille

Petit arbuste tout jaune au début du printemps – déjà une belle tentation de bouquet – le cornouiller mâle *(Cornus mas)*, qui abonde sur les causses calcaires du sud-ouest de la France, est vite fréquenté par les abeilles en quête de nectar. Il vaut surtout pour son fruit, la cornouille, petite drupe (comme la cerise : elle possède un noyau) vermillonne, à ***saveur de fruits rouges mélangés***, délicieuse lorsqu'elle est bien mûre. Si la floraison est précoce, la fructification se fait attendre, mais votre patience sera récompensée : ses fruits font merveille en confiture, tarte ou toute autre douceur sucrée, avec un petit goût acidulé et rafraîchissant qui reste en bouche.

liqueur de cornouille

Ne comptez pas cueillir la cornouille avant la fin de l'automne, car les premières gelées viendront l'adoucir : ***blette***, elle n'en sera que meilleure. Séchée au soleil, elle se ratatine, petit bonbon que l'on prend plaisir à sucer. Sur sa base, se fabrique aussi une liqueur :

- Préparez 1 kg de cornouilles pour 1 l d'eau-de-vie.
- Ajoutez un peu de cannelle, puis laissez reposer pendant 1 bon mois.
- Filtrez, allongez de 2 l d'eau et de 2 kg de sucre, le tout chauffé à feu doux.

liqueur de genièvre

La concernant, les recettes ne manquent pas… Chacun y va de son couplet. Mais en voici une simple :

- Écrasez 180 g de « baies » (sur le plan botanique, ce sont en réalité des cônes) bien mûres.
- Versez dessus 2 l d'alcool fort et 1/2 l d'eau.
- Ajoutez 500 g de sucre et laissez macérer durant une vingtaine de jours en remuant de temps à autre.
  Vous pouvez également ajouter 2 g de cannelle ou d'anis vert pour aromatiser.
- Filtrez.

La boisson est amère, à la fois apéritive et digestive : vous n'avez que l'embarras du choix pour la consommer. Pour autant, n'oubliez pas le fameux ***gin*** anglais dont les cônes sont les principaux composants, aromatiques, s'entend ; et, pas davantage, le ***ratafia*** (« baies » de genièvre mêlées à de la cannelle, des graines d'anis vert et, bien entendu, de l'eau-de-vie).

Lycopsis arvensis
Cerinthe major
Borrago officinalis
Asperugo procumbens
Symphytum officinale

Ces plantes qui font du bien

De la cuisine à la pharmacie, on utilise souvent les mêmes plantes… Car si elles sont bonnes à manger, elles savent aussi soigner. Depuis très longtemps, elles sont les alliées de notre santé, riches de leurs vertus, fidèles pourvoyeuses de principes médicinaux. Souvent, le remède se trouve sur un chemin, sur un talus, au bord d'une haie, au jardin, parfois indésiré dans une plate-bande…

Un peu d'histoire

D'hier à aujourd'hui

Grecs et Romains

Ils se nomment Hippocrate (460-377 av. J.-C.), Théophraste (372-287 av. J.-C.), Galien, Dioscoride (Grec mais résidant à Rome au temps de Néron le sanguinaire). Le premier est appelé, « père de la médecine » et le troisième « père de la pharmacie ». C'est dire !
Ils sont ***botanistes et médecins***, décrivent les plantes, leur attribuent des propriétés médicales dont certaines se vérifient encore aujourd'hui. Par exemple, ils connaissent déjà les vertus antiseptiques des herbes aromatiques : lavande, romarin, sarriette.

Capitulaire De Villis

Charlemagne *« a eu cette idée folle d'inventer l'école »* (selon France Gall et son parolier). Mais pas seulement. Lui revient aussi celle d'ordonner la création de jardins dans lesquels il entend (chapitre 70 de son fameux *Capitulaire De Villis*) que soient cultivées ***73 espèces*** d'herbes aromatiques, alimentaires et médicinales, parmi lesquelles rose, sauge, carvi, romarin, cataire, aurone, asaret, guimauve… sans oublier la joubarbe au-dessus de son toit (voir p. 24). Le message est porté par ses fidèles *missi dominici* jusqu'au fin fond de la campagne. C'était à la fin du VIIIe siècle.

jardins de moines...

Retranchés dans leur sainte solitude, les moines prennent le relais. Eux qui accueillent pèlerins, vagabonds, maraudeurs même, tiennent tous les jours table ouverte et infirmerie : là, des hommes en bure s'affairent à restaurer et à soigner les passants malades ou blessés. Points minuscules placés sur le chemin du voyage, toutes les abbayes disposent d'un jardin ***savamment agencé*** : *herbularius*, contenant les plantes médicinales ; *hortus conclusus*, riche en roses et autres violettes – fait pour le plaisir, pour la détente de l'âme ; *hortus*, produisant les légumes du jour ; et, pour finir, le verger où les frères viennent cueillir les fruits, puis, le temps d'une pause, méditer sous l'ombrage des arbres.

… et de châtelains

Les seigneurs de la féodalité ne sont pas en reste : dans leur jardin, eux aussi font dessiner de merveilleuses plates-bandes, bonnes pour le plaisir des sens, la cuisine et les besoins de l'infirmerie. Ils y cultivent nombre de plantes. Parmi elles, le ***buis*** *(Buxus sempervirens)*, à la fois cultuel, culturel et médicinal. Une semaine avant Pâques, le dimanche des Rameaux le célèbre. Il réunit un ensemble de propriétés thérapeutiques qui en font une quasi-panacée : à l'époque, il est considéré comme bon purgatif, fébrifuge, cicatrisant, antirhumatismal, anti-goutte ; il est à la base d'un vin à la fois apéritif et digestif. Si bien que, planté dans tout château qui se respecte, il va, à partir de là, essaimer, gagner les environs : certains versants ensoleillés proches en sont aujourd'hui totalement envahis.

Hildegarde de Bingen

Voici une femme d'un autre temps… qui nous interpelle encore aujourd'hui. Abbesse bénédictine du XIIe siècle (1098-1179), cloîtrée au fin fond de son abbaye, elle est aussi musicienne, poétesse, visionnaire et surtout médecin. Du corps humain et des plantes, elle connaît pratiquement tout ce qui est connu à l'époque et met à profit son savoir pour soigner les malades qui se présentent à elle, perclus de douleurs. Sa vision est ***holistique*** : elle précise qu'il n'y a pas de maladie, mais seulement des hommes mal en point et, donc, que chacun doit prendre part à sa guérison. Elle compose ses propres remèdes qui mêlent épices, minéraux et plantes.

vers la modernité

Dans le même temps, des savants arabes très érudits se font connaître. Voici le Persan Avicenne, médecin et philosophe de la première moitié du XIe siècle, qui décrit plusieurs centaines de « drogues » (au sens de « remèdes ») et rédige une synthèse des usages médicaux, d'Orient et d'Occident. Plus tard, au XIIe siècle, le Cordouan Averroès ne sera pas en reste. Tous deux donnent un élan sans pareil à la médecine par les plantes.

Puis l'Europe s'ouvre au monde : depuis sa caravelle, Christophe Colomb donne le signal pour de ***nouvelles connaissances***, de nouveaux émerveillements. Ainsi, l'amazonien quinquina, si prompt à chasser la fièvre. De leur côté, les vertus des plantes d'ici sont précisées, certaines étant réelles, d'autres, plus approximatives. La Renaissance se tourne davantage vers la science, ce qui se confirmera dans les siècles suivants.

aujourd'hui

Incontestablement, la médecine par les plantes a le vent en poupe. Sur ce sujet, Internet ne me contredira pas : un simple clic suffit pour tout savoir des plantes qui guérissent. Derrière la chimie qui parfois effraie, le végétal, lui, rassure, comme une possibilité de ***garder contact avec notre nature***, si gravement atteinte. Tisanes, décoctions, gélules et autres huiles essentielles sont bien là, promesses d'un mieux-être, rappel des savoirs d'hier que l'on assimile volontiers à un certain bon sens… Mais la réalité est un peu plus complexe.

Les plantes « signent », mais soignent-elles toujours ?

théorie des signatures

Née au Moyen Âge, cette théorie souligne l'analogie qui peut exister entre une plante et un organe du corps qui lui ressemblerait (de près ou de loin…) et serait atteint par telle ou telle pathologie. Par exemple, le bleuet est censé soigner les yeux bleus et rien qu'eux ; le latex (liquide blanc) coulant de la laitue serait parfait pour favoriser la lactation chez la jeune mère ; les bulbilles de la ficaire ressemblent étrangement à des hémorroïdes ; desséchées, les petites fougères capillaires perdent de leur éclat, un peu comme une chevelure dégarnie, appauvrie, ce qui les autoriserait à revitaliser cette dernière. Longtemps, l'on crut ainsi dur comme fer à cette ***étrange relation***. Ce que la médecine scientifique d'aujourd'hui réfute, peu ou prou. En tout cas, cette théorie en a fait rêver plus d'un !

pulmonaire officinale

Elle se nomme également « herbe aux poumons ». Cette jolie plante des lisières forestières, aux fleurs bleues s'épanouissant dès le début du printemps et feuilles vertes tachées de blanc, porterait bien son nom. Au XVIe siècle, elle est en effet connue pour soigner les ulcères des poumons. Car la feuille porte des ***taches blanches*** qui semblent simuler celles que les guérisseurs de l'époque imaginent sur les « vrais » poumons d'un patient atteint de phtisie. Aujourd'hui, ses vertus sont relativisées…

contre les « calculs »

Décomposé, son nom latin signifie : « qui rompt la pierre ». Selon la théorie des signatures, la ***saxifrage*** est donc censée soigner les « maladies de la pierre », soit les calculs rénaux et autres coliques néphrétiques. D'ailleurs, en langage vernaculaire, elle se nomme aussi « herbe à la gravelle » (« gravelle » étant l'ancien nom des calculs rénaux). Or, la saxifrage ne pousse-elle pas sur la pierre dure, sur le minéral ? Et ne possède-t-elle pas des bulbilles ressemblant aux fameux calculs ? En fait, elle n'a pas plus de vertus que cela : c'est une plante toute simple, à fleurs blanches et régulières, légèrement diurétique, et, d'ailleurs, peu de monde la connaît…

anémone hépatique

Elle est également nommée « hépatique molle » *(Hepatica nobilis)*. Ce nom lui vient de la forme de ses feuilles qui ressemblent, pense-t-on, aux lobes du foie, auquel le terme « hépatique » fait référence. Jadis, les médecins la prescrivaient pour soigner ***maladies hépatiques et coliques néphrétiques***. En fait, comme toute anémone, elle est toxique, surtout si elle est utilisée à l'état sec. Aujourd'hui, élégante entre toutes, elle est volontiers cultivée pour la décoration et se contente de faire de la figuration sur les plates-bandes. À l'état sauvage, c'est une plante de moyenne montagne, plutôt rare.

contre la fièvre

La ***reine-des-prés*** *(Filipendula ulmaria)* est une jolie plante, assez grande, de la même famille que la rose, fleurissant au début de l'été. Elle dégage alors une odeur douce et pénétrante, semblable à celle du concombre.

Contrairement aux précédentes, elle ne fait pas mentir la théorie des signatures : elle pousse dans les prés humides, au bord des fossés. Elle possède un réel lien avec l'eau que les paysans avaient observé, eux qui, souvent, attrapaient les fièvres du marais. Ils l'ont donc utilisée pour se soigner…

Et cela a marché ! Car la science l'a prouvé depuis, elle contient de l'acide salicylique sur la base duquel, depuis plus d'un siècle, se fabrique la fameuse aspirine (nom d'ailleurs inspiré de *« Spirea »*, l'ancien nom de la reine-des-prés), connue pour être sudorifique. Dans ce registre, le saule est également efficace.

La simplicité des simples

à tâtons

Très vite, l'homme a appris à se soigner. Mais comment ? Par ***nécessité***, il s'initie aux plantes qui le nourrissent, le soignent, lui font du bien, puis transmet son savoir. Chacun sait, pour son propre usage, celles qui conviennent. Et surtout, il observe. Par exemple, sa vache qui, au pré, va systématiquement tourner autour du bouton d'or ou du colchique et ne jamais l'avaler. Et pour cause : ils sont toxiques, et, intuitivement, elle le sent. Mais il arrive aussi que l'homme tente de se soigner avec telle ou telle plante et se trompe : l'issue est alors fatale. Tout au long des siècles, il a ainsi appris, tâtonné, parfois à son détriment.

des cobayes et des erreurs

Si l'on sait qu'une flèche imprégnée d'aconit napel *(Aconitus napellus)* suffit à terrasser l'homme le plus costaud, que la consommation d'une seule feuille de colchique *(Colchicum autumnale)* suscite rapidement des troubles divers qui peuvent conduire à la mort, c'est bien que certains malheureux, peut-être malgré eux, ont servi de cobayes. Mais la réponse du malade, évidente, a sans doute permis aux générations suivantes de ne pas renouveler l'expérience et, petit à petit, de mieux comprendre les propriétés – ***vertus et toxicité*** – de la plante en question. Ainsi, l'on sait que l'aconit, mais surtout sa racine*, contient un très violent alcaloïde et que, chez le colchique, une molécule – la colchicine – est spécialement incriminée.

les simples ?

Les simples (nom masculin) désignaient jadis les ***plantes médicinales***. Celles qui, souvent, se rencontrent au détour d'un chemin, au coin d'un pré, dans les bois et qui s'utilisent seules, sans mélange. Le médecin grec Dioscoride fut le premier à les mettre à l'honneur, consignant dans son fameux *De materia medica* l'usage de plus de 600 plantes qu'il avait dûment répertoriées. Les générations successives lui emboîtent le pas et, à la Renaissance, les jardins de simples se multiplient. Aujourd'hui, ils suscitent un véritable engouement, sont pris d'assaut par des populations en perte de repères, de sens… heureuses de savoir que les remèdes à leurs maux ne se trouvent pas que dans la seule chimie.

Colchique *(Colchicum automnale)*

mais encore...

Les simples ne sont pas seulement ces herbes si… simples que l'on foule quotidiennement sans s'en soucier plus que de raison, et dont certains, hier, connaissaient les vertus par cœur. Ce sont des médicaments tout… simples, non composés, ***substances végétales d'ici***, bonnes, dans l'esprit populaire, à finir sous des formes tout aussi… simples : tisanes, décoctions, macérats (voir p. 94-95). Pour autant, ils n'en sont pas moins des composés, certes naturels, mais chimiques et d'une grande complexité. Par ailleurs, non sans danger : digitale, datura ou belladone faisaient partie de la pharmacopée d'hier, alors que leur toxicité était bien connue.

et la thériaque ?

Voici un nom barbare pour évoquer un médicament mis à l'honneur par le médecin personnel de Néron. Il pensait qu'un assemblage de plantes pouvait agir sur le corps par la simple addition des vertus spécifiques de chacune. Son principe était d'associer, ***dans un même médicament, plusieurs familles de produits*** : des plantes dépuratives*, des toniques et digestives, des fortifiantes et des aphrodisiaques.

Pour faire bonne mesure, il ajoutait de la chair de vipère desséchée. Le tout devait être une « panacée* » capable de résoudre les problèmes de santé de chacun, quels qu'ils soient… Ce médicament un peu particulier se maintint quand même jusqu'à la fin du XIXe siècle !

entre galénique et charlatanisme

Sous l'impulsion d'un autre médecin nommé Galien, l'on tente ainsi de créer des compositions médicales, à base de ***plantes*** et de ***produits animaux***, parfois nombreux. Si lui sut rester sobre (pourtant, dans son art de préparer les médicaments, il n'hésitait pas à associer des dizaines de plantes), il n'en fut pas de même de ses successeurs, parfois charlatans, qui, au cours des siècles suivants, se mirent à produire des mélanges – aujourd'hui, certains nous laisseraient rêveurs… L'on préparait ainsi des compositions dans lesquelles entraient végétaux et ingrédients aussi appétissants que sang de bœuf, fiel de crapaud, araignée réduite en poudre, urine de chat, crotte de chien, poudre d'or, et j'en passe… Le tout se mijotant au fin fond de sombres officines, selon des rituels particuliers, injonctions et autres prières mystérieuses, connues de leur seul auteur. La sorcellerie n'était pas loin.

remèdes de bonne femme ?

Avec un petit sourire en coin… Car cette expression nous laisse imaginer une femme avec ses colifichets de paysanne qui, dès potron-minet et panier sous le bras, s'en va battre la campagne à la recherche de ses plantes favorites. Pour en faire, rentrée chez elle, des préparations médicales dont elle seule a le secret. Puis qu'elle transmettra à ses filles. Mais ce n'est pas exact. L'expression « bonne femme » devrait s'écrire autrement : « de bonne fame », du latin *fama*, qui signifie… ***« réputation »***. Ce qui change la donne ! D'autant que les hommes sont, eux aussi, enclins à utiliser ces fameux « remèdes de bonne femme » qui, soit dit en passant, ont, pour certains du moins, souvent fait leurs preuves !

utilisateurs variés

Durant de longs siècles, la plante qui soigne n'est pas toujours mise entre des mains savantes… ***Médecins*** grecs et romains de l'Antiquité, ***guérisseurs*** connaissant les épices et leurs bienfaits, les herbes d'eau ou de plaine, ***sorcières***, nez tordu et cheveux longs, gris et gras, chevauchant de longs balais par les nuits sans lune, ***droguistes*** (vendeurs de « drogues », au sens de « remèdes ») reclus dans leur officine, ***bergers*** à l'écoute des herbes, des étoiles et des pierres, ***apothicaires*** savants,

curés et instituteurs herborisant… Tout ce petit monde utilise, au fil des siècles, les plantes qui soignent, selon des critères que la science d'aujourd'hui tantôt balaie d'un revers de main, tantôt confirme : dans ce cas, l'observation empirique est reconnue.

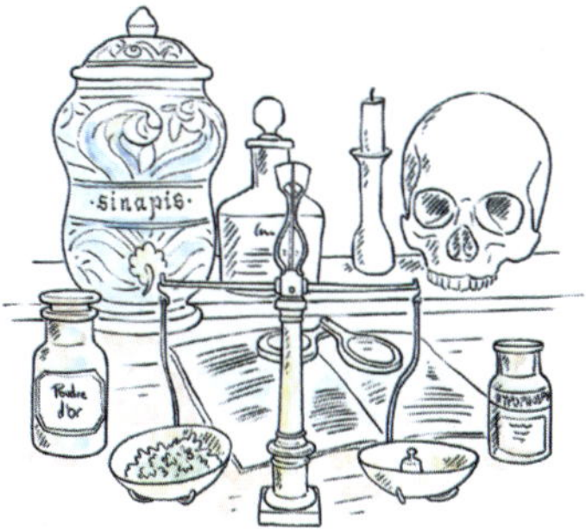

Des simples... pas si simples !

Aujourd'hui, plus que jamais !

retour aux simples

Si nombre de plantes entrent aujourd'hui dans la composition de médicaments, il n'en reste pas moins que les naturelles, celles qui poussent spontanément dans les campagnes, sauvages ou cultivées, séduisent, intéressent, retiennent. Une telle attirance tend d'ailleurs à s'amplifier, sans doute parce que les plantes représentent la ***vie naturelle***, exempte de toute contrainte. Comme un air de liberté. Et il est peu de dire que nous vivons dans un monde rempli de contraintes, de liens qui nous emprisonnent…

notice médicale

À une époque où les notions de bien-être, de plaisir personnel et d'épanouissement scandent chaque minute de notre quotidien, où la chimie est parfois regardée de travers, l'on se tourne ainsi vers les plantes et leurs bienfaits, désormais largement mis en avant. De fait, chaque plante possède des vertus alimentaires et/ou thérapeutiques, plutôt bien connues, même si certaines restent encore à découvrir. Pour autant, doit-on ne considérer qu'elles et elles seules, au point d'oublier qu'une plante, c'est aussi un ***organisme vivant*** avec des formes, des couleurs et des odeurs, un toucher particulier ? Qu'elle tient toute sa place dans la nature ? Avant de lire (dans un ouvrage ou sur Internet) la notice médicale qui, invariablement, accompagne tout commentaire sur les plantes, prenez donc le temps d'admirer le sujet en vrai, dans son milieu. Cela aussi vous fera du bien…

un peu de poésie

L'ethnobotaniste Pierre Lieutaghi le dit très joliment : *« J'oserais même dire que la plante médicinale* […] *agit d'autant mieux qu'on la considère, toutes propriétés thérapeutiques mises à part, comme un* ***être de beauté*** *: alors, la plante guérit notre corps en fleurissant notre esprit. C'est le médicament total… »* Tout est dit…

Aromatiques du jardin

angélique

Déjà délicieuse sous la forme de bâtonnets confits (voir p. 220), l'angélique *(Angelica archangelica)* possède bien d'autres vertus. Ne se nomme-t-elle pas aussi « herbe-aux-anges », « herbe du Saint-Esprit » ? Si elle facilite la digestion, elle est également ***diurétique, tonique, sudorifique, expectorante, antirhumatismale***. Toute la plante s'utilise : les feuilles et les tiges, mais surtout les racines* séchées. Vous pouvez la consommer en tisane. Au jardin, elle se cultive dans les lieux frais, bien exposés au soleil du midi. Plus sauvage, sa petite cousine *(Angelica sylvestris)* possède les mêmes vertus, quoique moins prononcées.

En tisane : 10 g (feuilles, tiges ou racines) par litre d'eau, une tasse après chaque repas.

verveine

La verveine *(Verbena officinalis)* ne paie pas vraiment de mine avec ses feuilles vert grisâtre, ses fleurs minuscules attachées sur une tige qui semble raide comme un fil de fer. Et pourtant ! Elle fut longtemps *« herba sacra »*, puis *« herba veneris »*, car on lui conférait des vertus aphrodisiaques. Pour autant, s'agit-il bien de la même ? Rien n'est moins sûr : de Dioscoride jusqu'à nous, bien des interprétations ont eu le temps de défiler. Quoi qu'il en soit, on lui a attribué toutes les vertus, pouvant soigner à la fois le mal de gorge (infusion) et de dents, la jaunisse, des problèmes de rein, de vessie, de rate, etc. Aujourd'hui, elle est connue pour être ***tonique et astringente*** (en infusion), faciliter la ***digestion*** (en décoction), soigner la ***diarrhée***, soulager les ***rhumatismes*** (en cataplasme, avec la plante bouillie). Elle est aussi réputée pour stimuler les ***défenses immunitaires***. Ce qui, pour une si petite plante, n'est pas si mal !

En décoction : 20 g de feuilles par litre d'eau.

romarin

Ce petit arbrisseau aux feuilles persistantes et aux fleurs d'un joli bleu est familier des garrigues calcaires, proches de la Méditerranée. Mais aussi, il se cultive facilement. Ce qui vous rendra bien des services, tant sur le plan culinaire que médical. Sur ce point, il répondra présent si vous souffrez de la ***grippe***, vous sentez plus faible que d'habitude, êtes ***surmené(e), rachitique, rhumatisant(e)***, traînez une méchante ***entorse***, supportez un ***torticolis*** tenace, avez une ***crampe*** douloureuse… La liste n'est pas exhaustive.

eau de la reine de Hongrie

Ce breuvage doit son nom à Isabelle, reine de Hongrie au XVIIe siècle, qui en fut, paraît-il, l'inventrice ou, à défaut, une grande utilisatrice : selon la légende (qui reste une légende), à 70 ans passés, goutteuse et rhumatisante, elle retrouva une seconde jeunesse, épousa l'homme de sa vie – roi de Pologne –, et vécut heureuse (vu son âge, il était temps). Mais une autre légende dit qu'elle refusa le mariage… pour l'amour de Dieu et en fidélité à l'ange qui lui avait indiqué la recette. Quelle légende faut-il croire ?

Quoi qu'il en soit, cette eau est simplement une ***macération de fleurs de romarin*** dans l'alcool. À user sans abuser, parce que prise avec excès, elle devient toxique. Mais vous pouvez aussi prendre une infusion de feuilles séchées.

mélisse

La mélisse *(Melissa officinalis)* se nomme aussi « citronnelle » en raison de son parfum citronné. Plutôt ordinaire, elle pousse un peu partout, au jardin (elle est bien présente dans le mien alors que je n'avais rien demandé) comme dans les décombres. D'origine orientale, elle a, au cours des siècles, gagné l'Europe, avant d'être célébrée comme une panacée*. Elle doit ses lettres de noblesse à la fameuse ***eau des Carmes*** – elle en est le premier ingrédient –, mise au point en 1611 par les carmes déchaussés. Depuis, la formule reste inchangée… et secrète. La liste de ses bienfaits est longue comme un jour sans pain… Ce remède populaire, quasi universel, s'ouvre à tous les possibles. Contentez-vous déjà de concocter, sans risque, votre propre infusion ou de boire du vin du même nom.

En infusion : 20 à 50 g de feuilles par litre d'eau bouillante.

En vin : 160 g de feuilles mises à macérer dans 1 l de bon vin durant 24 heures et à température douce.

thym

Thym *(Thymus vulgaris)* ou serpolet *(Thymus serpyllum)* : l'un et l'autre possèdent les mêmes vertus, quoique plus prononcées chez le premier, à l'origine de la fameuse ***farigoule provençale***. S'il pousse sans problème sur les coteaux rocailleux et ensoleillés de la Méditerranée, le thym tient également sa place au jardin. C'est bien simple : il soigne le surmenage, les aphtes, le rhume et la toux ainsi que divers problèmes digestifs, hépatiques, en passant par certaines infections respiratoires, les rhumatismes, torticolis et autres problèmes articulaires. La tisane, sucrée au miel, est efficace contre la toux. Réduites en poudre, les feuilles font un très bon dentifrice, à la fois antiseptique et tonifiant. Et si vous vous sentez un peu faible, prenez un bain dans lequel vous aurez jeté 1 poignée de thym. Vous en sortirez tout(e) ragaillardi(e) et plein(e) d'allant.

En tisane : 15 g de plante fraîche ou séchée par litre d'eau bouillante.

Indésirables du jardin ?

pourpier, riche et bon

Au jardin, le pourpier *(Portulaca oleracea)* en agace plus d'un ! Méchamment nommé « herbe au porc » ou « pied de poule », il a le don de pousser là où on ne l'attend pas, de ramper, puis de s'étaler à la place des haricots. Alors, plutôt que de pester, apprenez qu'il est ***riche en oméga-3, en tyrosine et autres vitamines*** et qu'il entre tout entier – aussi bien ses feuilles plates et un peu crassulescentes*, de goût acidulé, que ses tiges rougeâtres, raides et croquantes – dans de délicieuses salades rafraîchissantes. D'ailleurs, les paysans médiévaux en faisaient grand cas. « L'herbe au cochon » est bien un régal aussi pour l'homme !

bardane, bonne pour la peau

Vous connaissez déjà ses feuilles, sa racine* et ses tiges qui se mangent. Mais savez-vous que la bardane se nomme également « herbe-aux-teigneux » ? Tout simplement parce qu'elle soignait nombre d'affections cutanées, parmi lesquelles la teigne, la gale, le furoncle, des dermatoses diverses, les piqûres d'insectes. Aujourd'hui, elle est la plante phare qui ***soulage l'acné***, ce qui est vérifié. Dans ce cas, vous pouvez utiliser ses feuilles séchées et sa racine (de la première année), écrasées en cataplasme, fraîches ou bouillies, ou la boire en tisane, associée à l'ortie et à la pensée sauvage.

En cataplasme : 80 g de feuilles séchées ou de racine, écrasé(es) et préparé(es) en décoction.

En tisane : 10 g de feuilles fraîches ou de racines séchées dans 1 l d'eau froide porté à ébullition.

vergerette du Canada

Elle *(Conyza canadensis)*, est une Américaine, curieusement appelée « herbe des Français », qui, au jardin, adore pousser là où on ne l'attend pas, se faisant parfois envahissante. L'été, elle épanouit de petites fleurs insignifiantes que l'on remarque à peine. Pourtant, la vergerette est ***pleine de vertus***. Alors, là encore, plutôt que vous acharner contre elle, regardez-la d'un autre œil et faites-en votre alliée pour soigner tendinite et foulure, goutte et diarrhée. Elle peut aussi vous faire perdre du poids. Elle vaut surtout par ses sommités fleuries et ses feuilles.

En infusion : 30 g de fleurs par litre d'eau.

chiendent diurétique

Que dire de lui (*Agropyrum repens* et *Cynodon dactylon*), sinon qu'il est salutaire tant il contient de ***principes actifs*** ? Pourtant, le jardinier le déteste, lui et ses racines* interminables qui font des petits à mesure que la bêche les brise. Des racines et des stolons* pourtant très intéressants sur le plan médicinal. Car ils sont tout à la fois diurétiques, émollients, dépuratifs*, font fuir la fièvre, soulagent la cystite et éliminent les calculs. De ce point de vue, en boire quelques tasses ne vous fera pas de mal, en tisane ou en décoction. Simplement, comme ses racines sont spécialement âcres, faites-les bouillir dans de l'eau une première fois, écrasez-les après avoir jeté cette eau, puis remettez à bouillir ; enfin, ajoutez un peu de réglisse, un zeste de citron et, bien évidemment, du miel.

En infusion ou en décoction : 30 g de feuilles par litre d'eau.

En direct du potager

ail, tant de vertus !

L'ail *(Allium sativum)*, un « légume » ? Certes, mais aussi une plante médicinale bourrée de vertus. Nonobstant son odeur qui laisse des traces remarquées sur l'haleine, il est utile en cas de grippe et bronchite, soigne l'intestin momentanément mal en point, chasse le ténia et la fièvre, fait baisser la tension et le mauvais cholestérol, fait disparaître le cor au pied, optimise la circulation du sang… Bref, il est comme un ***élixir de longue vie***. Son introduction dans vos petits plats dès que possible (mais surtout en version crue) reste la meilleure formule pour avaler, sans y penser, ce « légume », médical avant tout.

oignon

Comme l'ail, l'oignon *(Allium cepa)* possède de ***nombreuses vertus***. D'ailleurs, tous deux sont de la même famille des Liliacées, riche en principes aillés et sulfurés. Très tôt cultivé dans l'histoire (comme l'ail, d'ailleurs), c'est un incontournable de tous les plats, d'abord romains, puis médiévaux, enfin d'aujourd'hui, du moins pour ceux qui ont le goût des bonnes choses. Dussent-ils d'ailleurs en pleurer (une astuce à ce propos : avant d'émincer des oignons, trempez votre couteau dans de l'eau froide). En mangeant de l'oignon cru, vous mettez en valeur ses propriétés diurétiques et stimulantes pour la digestion ; cuit, il règlera vos problèmes de constipation et calmera votre toux. Appliquée à même la peau, sa pulpe soulagera la migraine, la douleur occasionnée par une piqûre de guêpe, l'engelure, la crevasse. Enfin, si vous le passez sous la cendre, il fera mûrir abcès et panaris.

lin, aux propriétés multiples

Le lin *(Linum usitatissimum)* est aussi vieux que le monde. L'homme l'utilise depuis longtemps : pour se vêtir (aujourd'hui, de belles étoffes, hier, des classiques des armoires) et se nourrir (il en tirait de l'huile). Il est aussi médical. Son ***huile*** lubrifie les selles et accélère le transit intestinal. Ses ***graines*** sont laxatives et contiennent les fameux oméga-3 dont on nous ressasse à longueur de temps les mille et un bienfaits : elles protègent les artères de l'athérome, font baisser le mauvais cholestérol (1 cuillerée à café par jour) et soulagent les symptômes de la ménopause. Mais le lin est également un excellent émollient : préparée en cataplasme, sa ***farine*** (qu'il vaut mieux acheter en pharmacie pour éviter les réactions cutanées) soulagera votre bronchite.

Si vous consommez les graines, prenez la précaution de les faire gonfler dans un verre d'eau avant de les broyer ; buvez le tout et terminez par deux autres verres (d'eau seulement) : vous éviterez ainsi les problèmes d'obstruction.

petits fruits rouges

Au printemps, ils sont délicieux, à croquer directement au jardin ou à introduire dans une salade de fruits (avec ou sans crème…). Ils ? C'est-à-dire les groseilles *(Ribes rubra)* et cassis *(R. nigrum)*, le mélange des deux : les casseilles, les framboises *(Rubus idaeus)*, les fraises *(Fragaria vesca)* et les cerises *(Prunus avium)*. Comme un fait exprès, tous de la même famille des Rosacées, celle de la rose… Des fruits rouges comme une signature, pour faire ***du bien au corps et au moral***. Outre le plaisir qu'ils procurent lorsqu'on les déguste (qui devrait être la première de nos motivations), ils aident aussi à lutter contre les varices, ralentissent le vieillissement, fournissent en quantité minéraux (potassium, magnésium, calcium) et vitamine C. En infusion, les feuilles de cassis soulageront vos rhumatismes, tandis que celles du fraisier (sauvage, si possible : à rechercher dans les bois) feront un excellent diurétique.

mâche et roquette

Avec elles, vous ferez ***le plein d'acides gras, de calcium et d'antioxydants***, les uns et les autres excellents pour la peau, le cerveau et le système cardiovasculaire. Acide gras et oméga-3 se trouvent davantage dans la mâche. Dans une salade de roquette, vous avalerez autant de calcium que si vous buviez un verre de lait ou mangiez un yaourt ; il est donc inutile de rajouter du fromage (très calorique), surtout si vous souhaitez garder la ligne. Côté antioxydants, la mâche est surtout riche en vitamines C et E, en bêtacarotène également (qui, chacun le sait, protège des radicaux libres), tandis que la roquette vaut davantage pour le sélénium (un nutriment anti-âge). Sachant tout cela, vous ne pouvez pas faire autrement que de mettre ces salades au menu, et deux fois plutôt qu'une !

Médicinales, mais... ne les touchez pas !

puissantes molécules

Certaines plantes sont médicinales, mais vous n'avez pas intérêt à les utiliser de votre propre chef : elles contiennent des ***principes actifs dangereux***, potentiellement mortels. Scientifiquement étudiées, elles sont à l'origine de remèdes qui, depuis longtemps pour certaines, ont fait leurs preuves, mais dont l'efficacité demande l'intervention de l'industrie pharmaceutique. Bien évidemment, ces plantes ne s'emploient que sous contrôle médical, sous forme de gélules, comprimés et autres préparations. Souvent magnifiques, ces œuvres de la nature sont à dévorer des yeux, non à manger en direct ! En voici quelques exemples…

digitale

Vous la découvrez à la fin du printemps, sur les talus, au bord des forêts, formant comme un tapis de pourpre – sachant qu'elle recherche surtout les sols acides et siliceux.

La digitale pourpre *(Digitalis purpurea)* se remarque à ses feuilles assez grandes et douces au toucher, ses fleurs rouges en forme de doigts (d'où son nom vernaculaire de « gant de Notre-Dame »). Sur le plan médical, ses principes (très actifs) se nichent dans de puissants hétérosides, lesquels interviennent essentiellement sur le cœur : la plante est ***cardiotonique***, elle régule le rythme cardiaque.

colchique

« *Colchiques dans les prés, fleurissent, fleurissent, colchiques dans les prés, c'est la fin de l'été…* », raconte la chansonnette… En effet, ne faisant rien comme les autres plantes, le colchique *(Colchicum autumnale)* ne sort ses jolies fleurs rose violacé qu'à cette époque, ce qui, dans un sens, permet au pré de se colorer un peu. Au printemps, c'est le fruit que vous observerez, grosse capsule se nichant entre les feuilles raides. Lui se nomme aussi ***« tue-chien »*** ou ***« tue-loup »***, ce qui en dit long. D'ailleurs, pas bêtes, les vaches au pré en font soigneusement le tour, se gardant bien de le manger. Sa dangerosité, le colchique la doit aux alcaloïdes contenus dans ses bulbes, et surtout dans ses graines ; des alcaloïdes que la pharmacie utilise cependant pour soigner la goutte. Mais sous contrôle médical, évidemment.

morelle noire

Elle se nomme aussi ***« crève-chien »***, et là encore, tout est dit. Moins voyante que les deux plantes précédentes, elle est en revanche fréquente au jardin, où les enfants peuvent facilement confondre ses baies avec celles du cassis. Mieux vaut donc être prévenu. Mais la saison fait toute la différence : les baies de cassis (délicieuses et sans risque à la consommation) sont de la fin du printemps, tandis que celles de la morelle noire ne mûrissent qu'au début de l'automne. La morelle noire *(Solanum nigrum)* est de la même famille que la tomate ou la pomme de terre, mais elle contient des alcaloïdes que la médecine utilise comme sédatifs et analgésiques.

muguet

Chacun connaît cette plante porte-bonheur pour en avoir, au moins une fois dans sa vie, cueilli au fond d'un bois ou acheté, le 1er mai, au coin d'une rue. La fleur, si parfumée, est riche en principes cardiotoniques. Sous la forme de spécialités pharmaceutiques, elle régularise les battements du cœur. Mais le muguet peut aussi porter la poisse à celui qui se laisserait tenter, l'automne, par ses ***baies globuleuses***, d'abord vertes avant de virer vers un très beau rouge sang. Ces baies tentantes font tous les ans des victimes par empoisonnement.

Muguet *(Convallaria majalis)*

Petits bobos de tous les jours

Contre la toux et le rhume

marrube blanc

Voici ***LE remède contre la toux et le rhume*** ! Le marrube blanc ou vulgaire *(Marrubium vulgare)* était déjà connu de Pline l'Ancien qui évoque ce *« remède très singulier contre la toux et la respiration sifflante »*, jamais démenti depuis. C'est une plante vivace, plutôt rustique, aimant le soleil. Dans mon jardin, elle est arrivée un beau jour, sans crier gare… et semble s'y plaire depuis. Elle porte des tiges droites, de section carrée (comme nombre de membres de la famille des Lamiacées) et de petites fleurs blanches à l'aisselle des feuilles. Une infusion préparée à la maison sera efficace contre votre toux. À moins que vous ne lui préfériez un vin de marrube.

En infusion : 15 g de feuilles fraîches par litre d'eau. Hachez les feuilles, mêlez-les à de la poudre de gingembre, versez de l'eau bouillante et laissez infuser. Sucrez au miel, à votre convenance, mais ne soyez pas surpris : la tisane est plutôt amère.

En vin : 1 poignée de fleurs sèches à laisser infuser dans 1 l de vin rouge chaud, pendant 12 heures.

tussilage

Littéralement : *tussis*, la « toux », et *agere*, « chasser ». Vous aurez compris… Le tussilage *(Tussilago farfara)* est une petite plante, l'une des premières à fleurir dès janvier, avec cette particularité : sa corolle jaune sort avant les feuilles. Comme celles-ci sont très grandes, cela lui vaut également d'être nommée « pas d'âne » (tout bonnement, elles ressemblent aux pas d'un âne). Si vous êtes enrhumé(e) ou toussez, prenez une ***tisane*** de tussilage (feuilles fraîches ou séchées, fleurs également), mais aromatisez-la de menthe, car son goût n'est pas fameux.

violette odorante

Elle est l'une des premières à fleurir, à signer les prémices du printemps. Le sirop de violette a ses inconditionnels. En général, les enfants adorent ce sirop qui n'est pas, comme on pourrait s'y attendre, de couleur violette… mais verte.

Par ailleurs, la fleur entre dans un sirop composé, dit ***« sirop des quatre fleurs pectorales »***, à savoir violette, antennaire, bouillon-blanc, coquelicot, guimauve, mauve et tussilage. Et qui donc, en fait de quatre, sont sept. Ce sirop, qui rassemble des plantes aux propriétés complémentaires, devient difficile à fabriquer pour la bonne raison que l'antennaire, montagnarde, n'est pas à la portée de tous et se fait rare…

Sirop de violette : laissez infuser 100 g de fleurs séchées ou fraîchement cueillies dans 1 l d'eau bouillante durant 12 heures. Ajoutez 2 kg de sucre et filtrez.

molène bouillon-blanc

Le bouillon-blanc, ou molène *(Verbascum thapsus)*, se reconnaît facilement à sa haute taille, à ses feuilles épaisses, à la fois velues et laineuses, et à ses fleurs jaunes disposées en épi. Il croît un peu partout, comme il le souhaite, parfois s'installe sur la pelouse : dans ce cas, tournez autour avec votre tondeuse, vous serez ravi(e) d'avoir ce ***médicament à portée de main***. Si vous toussez, préparez une infusion de fleurs (l'été, vous les aurez cueillies, juste épanouies puis mises à sécher). Attention, cependant ! la plante est entièrement velue, y compris ses fleurs. C'est pourquoi, après avoir infusé, filtrez ! Sinon, gare à tous ces poils flottant dans votre tisane et propices au toussotement… Effet contraire à celui recherché !

lierre terrestre

Malgré son nom, ce lierre-là n'a rien à voir avec celui que vous voyez grimper le long des murs ou s'accrocher aux vieux arbres. Le lierre terrestre se nomme en réalité gléchome faux-lierre *(Glechoma hederacea)* et il est, comme la violette, l'un des premiers à fleurir au printemps. Il est petit, porte des feuilles rondes à odeur forte que pour ma part j'apprécie (mais ce n'est pas le cas de tout le monde…) et des fleurs dont la couleur oscille entre le bleu et le violacé. Lui aussi soigne rhume, toux grasse et autres ***maladies respiratoires***. Vous pouvez le prendre en infusion, à sucrer de préférence avec du miel.

En infusion : 10 g de fleurs (mais vous pouvez aussi utiliser la plante entière fraîche ou séchée) dans 1 l d'eau ou de lait (pour changer !).

capucine

Elle vient du Pérou et a été introduite en France au XVIIe siècle. Amoureux, Louis XIV en offrit un bouquet à madame de Maintenon, sa future épouse. À partir de ce moment-là, la capucine fit fureur, devint à la mode, fut cultivée, introduite partout, dans les moindres ruelles et plates-bandes. À ses qualités ornementales, s'ajoutent des vertus médicinales : en infusion, elle aide notamment à ***fluidifier les sécrétions bronchiques***.

En infusion : 1 cuillerée à soupe de feuilles et fleurs séchées, dans une tasse d'eau bouillante.

Adieu maux de ventre et problèmes digestifs !

bénéfique carotte

Si vous avez des soucis intestinaux, constipation ou diarrhée, l'une ou l'autre, mangez de la carotte ! Riche en fibres (pectine, cellulose), elle favorise le ***transit intestinal***, le remet d'aplomb en un rien de temps. Pour l'heure, contentez-vous de la cuire à l'eau, de la manger par petites bouchées, accompagnées de riz (lui aussi cuit à l'eau). Ou bien faites-en une purée légère. En sus, vous prendrez votre dose quotidienne de potassium et surtout de provitamine A (le fameux carotène). Mais à une condition : que vous l'achetiez bio et la jetiez non pelée (quoique bien lavée) dans votre faitout : la peau est très riche en provitamine. De plus, la carotte ne rend-elle pas aimable ?

manque d'appétit ?

Vous n'avez plus d'appétit, les aliments passent mal et votre intestin a tendance à fermenter ? Voici ***quelques solutions en direct du jardin*** : une bonne tisane d'origan ou d'angélique ; ou bien une infusion de semences d'anis vert *(Pimpinella anisum)* : avec le carvi, le cumin et le fenouil, cette petite Apiacée fait partie des quatre semences chaudes, réputées pour faciliter la digestion. Ces graines sèches sont dites carminatives*, car elles ont une action tonique sur l'intestin : elles font, dit-on, « chanter le ventre » (une jolie expression !), réduisent les ballonnements et gaz intempestifs, minorent les phénomènes de fermentation, si désagréables. En infusion ou à croquer, à la fin du repas, comme dans certains restaurants indiens où l'on propose des graines d'anis et autres épices.

Angélique en infusion : 1 cuillerée à soupe de morceaux de racine* dans une tasse d'eau bouillante, à boire après les repas.

Infusion digestive : 1 cuillerée à café de graines d'anis vert, de fenouil, de carvi ou de cumin dans une tasse d'eau bouillante, à boire après les repas.

chicorée, la pratique

Cette lointaine ancêtre, longuement améliorée, de l'endive (voir p. 40) pousse facilement sur les bas-côtés des chemins, dans les prés secs, où ses fleurs d'un très beau bleu permettent de la repérer facilement. Si vous digérez mal, êtes constipé(e), manquez d'appétit, pensez à elle.

Galien ne l'appelait-il pas ***« l'amie du foie »*** ? Prenez-la fraîche, en décoction. Vous pouvez aussi, tout simplement, la manger en salade, le bénéfice sera le même. Et si vous êtes sensible de l'intestin et avez un jardin, pourquoi ne pas l'inclure dans vos plates-bandes potagères ?

En décoction : 100 g de feuilles fraîches (ou 10 à 15 g de racine* fraîche) par litre d'eau.

mauves

Il faut penser à elles *(Malva sylvestris, alcea, rotundifolia)*, lorsque vous êtes constipé(e), avez vaguement mal au ventre ou souffrez d'une inflammation digestive. Chez elles, toutes les parties s'utilisent : feuilles, fleurs, racines*, les unes et les autres cueillies en temps et en heure (avant la floraison pour les premières, juste épanouies pour les deuxièmes et l'hiver pour les troisièmes). Car elles sont ***douces et émollientes, très mucilagineuses****. De ce point de vue, l'infusion est conseillée, à consommer plusieurs fois par jour. Si vous souffrez de diarrhée, vous pouvez ajouter de la ronce, connue pour son astringence. Mais le mieux est encore de la manger au repas, sous forme de salade ou de soupe. Si vous pouvez vous faire du bien de cette manière…

En infusion : 50 g de fleurs et feuilles sèches (ou fraîches en saison) à jeter dans une tasse d'eau bouillante.

capucine, encore

Outre ses propriétés expectorantes, la capucine peut se targuer d'être ***purgative*** (graines sèches) et ***laxative*** (dans ce cas, ce sont les feuilles). Elle se prépare avec du miel, ses graines préalablement concassées. Outre ces vertus, il est bon de l'avoir au jardin. Elle se croque aussi : ses fleurs et feuilles sont riches en vitamine C, de saveur légèrement piquante, tandis que ses graines et jeunes boutons floraux, mis à confire dans le vinaigre, s'utilisent à la manière des câpres. Mais, attention ! au jardin, les pucerons adorent la capucine, si bien que vous devez compter sur la menthe voisine pour vous en débarrasser : pour cela, préparez une décoction de menthe en plongeant 100 g de feuilles fraîches dans 1 l d'eau bouillante. Versez cette préparation, une fois refroidie, sur vos capucines.

pissenlit

L'éternel, le si bien connu ! Qui, là encore, est en mesure de contrer vos petits soucis intestinaux et biliaires, peut-être même de faire des miracles. Surtout après l'hiver et ses repas encombrés, lourds et souvent trop riches. Le pissenlit sort alors, juste à propos… Ses feuilles sont amères, toniques. En salade, elles vous feront le plus grand bien, d'autant qu'elles sont ***diurétiques*** (le mot « pissenlit » est, en soi, suffisamment expressif). Vous pouvez aussi ajouter des « lardons » (de racine*, pas de lard !), délicieux et nourrissants, que vous aurez préalablement fait revenir dans de l'huile d'olive. Et si cela ne vous suffit pas, préparez-vous une petite décoction de racine fraîche (30 g dans 1 l d'eau), très active sur le foie et la vésicule. Quant au suc qui sort de la tige, il améliore la sécrétion de la bile. Olivier de Serres en faisait déjà état, en 1600 : *« fleurs* […] *prises en breuvage, sont bonnes contre la jaunisse ».*

Pour soigner les petits désagréments cutanés

« herbes à la coupure »

Ainsi nommées en langage populaire, quelques plantes auraient la vertu majeure de ***cicatriser les plaies ouvertes*** : voici l'achillée millefeuille *(Achillea millefolium)*, l'orpin reprise *(Sedum telephium)*, la consoude officinale *(Symphytum officinale)*. Les deux premières se nomment aussi « herbes aux charpentiers » – lesquels charpentiers étaient, plus que d'autres, exposés aux blessures. Mais, les concernant, la science n'a pas confirmé ces allégations, aussi n'est-il pas recommandé de les utiliser sur des plaies ouvertes.

consoude

Reste la consoude, beaucoup plus vertueuse de ce point de vue. Cette plante (dont le nom vient du latin *consolidare* : « consolider ») est une ***excellente vulnéraire**** qui soulage la douleur et facilite la cicatrisation. Sur une plaie ou/et une brûlure, appliquez la racine* fraîche ébouillantée et broyée ou bien préparez une décoction.

En décoction : 200 g de racine broyée par litre d'eau.

millepertuis

Il est également nommé « herbe à mille trous », car sa feuille est constellée de petits « pertuis » (ancien nom de « trou »), riches en essence balsamique. Vous pouvez observer cela sur une feuille placée sous la lumière.

Le millepertuis *(Hypericum perforatum)* est du solstice d'été (donc, de la fin du printemps), familier des bas-côtés comme des jeunes friches. Ses fleurs sont jaunes. Il est ***antiseptique, vulnéraire et cicatrisant***. Sur sa base, vous pouvez préparer une lotion, à conserver plusieurs mois. Sachez, cependant, que la plante est photosensibilisante : mieux vaut donc éviter de prendre un bain de soleil si vous venez d'appliquer cette lotion.

En lotion : remplissez un bocal de fleurs fraîchement cueillies, complétez avec de l'huile d'olive, puis laissez en plein soleil. Trois semaines plus tard, le liquide aura viré au… rouge. Appliquez-le alors en compresse sur une plaie ou une brûlure.

lis blanc

S'il est un remède dit « de bonne femme » encore bien connu dans les campagnes, c'est bien celui à base de lis blanc *(Lilium candidum)*. Comme la rhubarbe, il figure dans tous les jardins de curé. D'ailleurs, pourquoi s'en priver ? Au mois de juin, il sent si bon et ses fleurs sont si belles ! Qui plus est, ***vulnéraires* et cicatrisantes***.

En lotion : faites macérer les pétales durant 2 mois – dans de l'eau-de-vie pour les plaies, dans de l'huile (olive ou tournesol) pour les brûlures. Laissez reposer, puis versez-en sur une compresse à appliquer sur la peau.

petits boutons et soleil

Vous venez de prendre votre premier bain de soleil et, horreur ! de petits boutons rouges ornent votre décolleté, vos bras, épaules et jambes, en bref toutes ces parties du corps que vous découvrez et exposez après les longs jours d'hiver. C'est la lucite estivale bénigne : rien de grave, seulement un désagrément qui tombe mal. Le remède : une compresse glacée à base de ***millepertuis*** (toujours), qui soulage les démangeaisons occasionnées par le soleil. Vous pouvez également tenter une décoction à base de ***camomille***.

Lotion au millepertuis : 20 g de fleurs à laisser infuser dans 1 l d'eau. Filtrez et conservez au frais pour un effet glacé.

Décoction de camomille : 15 g de fleurs dans 1/2 l d'eau.

piqûres

Votre jambe vient de frôler une ortie ? Un moustique s'est acharné sur vous ? Une abeille ou un frelon vous ont piqué(e) ? Pas de panique ! Bien souvent, le remède est à votre portée, au jardin ou sur le chemin, quasiment partout. Voici le ***plantain*** *(Plantago sp.)* et ses feuilles en rosette, plus ou moins larges selon les espèces. Cueillez-les, écrasez-les légèrement et appliquez-les sur la peau gonflée. Une friction énergique suffira pour calmer la douleur.

pieds

Pour leurs petites misères : ongles abîmés, incarnés, voire mycoses… prenez un bain de pieds tiède à base de ***menthe*** fraîche et de quelques gouttes d'huile essentielle de menthe poivrée. Une écharde et, dans les jours qui suivent, une plaie qui se met à puruler ? Vous avez des ampoules pour avoir trop marché dans de mauvaises sandales ? Prenez un bain à base de ***guimauve*** (racine*), de ***mauve*** et de ***sureau*** (fleurs). La première gérera les petits saignements, la deuxième agira sur l'inflammation de la peau tandis que la troisième soulagera la douleur. Et si vous avez des engelures, plongez vos pieds dans un bain de feuilles de ***céleri***.

petites contusions

Vous venez de recevoir un coup douloureux, votre peau rougit, puis bientôt bleuit : voici l'ecchymose. Pour la calmer, appliquez sur la partie tuméfiée une compresse imprégnée d'une décoction de racines de ***primevères*** (80 g dans 1 l d'eau bouillie) ou bien tentez le ***persil*** infusé dans du vinaigre.

arnica

L'arnica *(Arnica montana)* ? Un grand classique de la pharmacie : qui n'en a déjà fait usage (sous forme de crème ou de granules) pour soigner un traumatisme sans plaie, une ecchymose, un mauvais coup ou quelques troubles musculaires ? D'ailleurs, il se nomme aussi ***« herbe à la chute »,*** et ce n'est pas pour rien. Mais ne l'utilisez jamais (en frais) de votre propre chef. D'une part, il est devenu très rare, et donc protégé sur ses lieux de vie (la montagne), d'autre part, il est dangereux et connu comme tel : il est en effet toxique, en usage interne et externe (vous risquez l'allergie si vous l'appliquez en teinture pure). Mieux vaut vous tourner vers votre médecin et/ou pharmacien qui vous conseillera utilement quelques granules.

brûlures

Vous avez touché par mégarde une poêle ou une casserole posées sur le feu… Aïe ! c'est la brûlure, instantanément douloureuse. Si vous avez une ***tomate*** bien mûre à portée de main, coupez-la en deux et appliquez la pulpe sur la partie de peau concernée ; de même, la ***pomme de terre*** (en cataplasme de rondelles fraîches, riches en amidon) ou le ***potiron*** (sa pulpe) sont efficaces. Et vous pouvez également tenter le ***chou*** (ses feuilles, préalablement lavées, puis appliquées avec un bandage). Décidément, le potager a du bon… et pas seulement pour l'estomac !

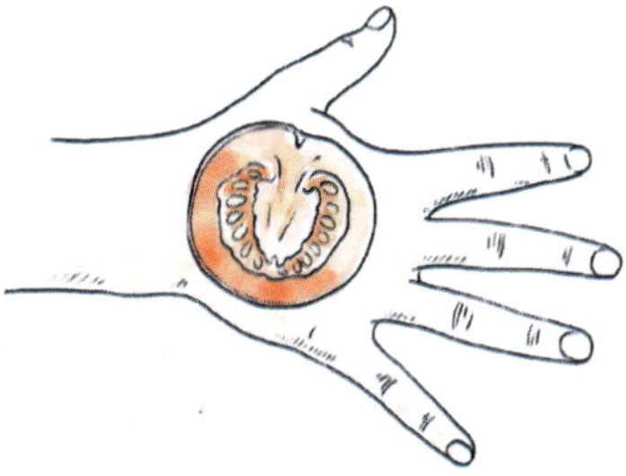

Plantes de bien-être

De beaux cheveux

au naturel

La sauge est excellente pour le cuir chevelu. Utilisez-la en rinçage de vos cheveux (bruns, de préférence) – en sus, elle supprimera les pellicules qui, sur votre sombre chevelure, se remarquent trop bien. Pour ce faire, préparez une ***teinture de sauge***… Et si vos cheveux ont tendance à graisser, employez une décoction de racine* de guimauve.

Macérat de sauge : 1 poignée de feuilles sèches à faire macérer dans 25 cl d'alcool à 60°.

Décoction de guimauve : 30 g de racine de guimauve dans 1 l d'eau bouillante.

blonde comme les blés

Si vous êtes blonde, préférez la camomille : elle éclaircira vos cheveux et les rendra plus lumineux encore. À côté, vous pouvez aussi utiliser des fleurs de capucine, excellentes pour tonifier le cuir chevelu.

Lotion à la camomille : faites infuser environ 50 fleurs pour 1/2 l d'eau bouillante.

Lotion à la capucine : faites bouillir 75 cl d'eau et jetez-y 2 poignées de fleurs, graines ou feuilles. Laissez refroidir et ajoutez 5 cl d'alcool modifié.

brillance

Pour la beauté de vos cheveux, rien de tel qu'une préparation à base de ***romarin***. À utiliser en rinçage, après le shampooing.

Lotion au romarin : 1 poignée de romarin fraîchement cueilli dans une tasse d'eau bouillante. Laissez refroidir et filtrez.

chute de cheveux

À cela, il existe plusieurs types de raisons, mais l'automne y est souvent pour quelque chose, synonyme de déprime saisonnière, de fatigue. Les beaux jours s'en sont allés… et alors, durant quelques semaines, les cheveux se mettent à tomber. Dans ce cas, optez pour une préparation à base de ***bardane*** et d'***ortie***, que vous utiliserez à la manière d'un après-shampooing.

Après-shampooing anti-chute : 100 g de racines* de bardane et 50 g de feuilles d'ortie pilées, mises à macérer dans 1/2 l de rhum pendant 1 semaine. Filtrez.

Un visage pimpant

joli teint

Dans les années 1950, nos grands-mères se débrouillaient comme elles le pouvaient pour garder le teint frais, prévenir l'apparition de rides et tonifier l'épiderme.
Les moyens étaient simples : jus de ***carotte*** appliqué directement sur le visage (c'est un revitalisant), décoction d'une plante dite « de jeune fille », soit le ***cerfeuil***, masque à base de ***concombre*** (coupé en fines lanières dans le sens de la longueur), infusion de pétales de coquelicot, lequel coquelicot pouvait aussi servir de très éphémère fard à joues, voire de rouge à lèvres. Toujours d'actualité, ces remèdes présentent cependant l'inconvénient d'être saisonniers…

Décoction de cerfeuil : 30 à 60 g de feuilles fraîches dans 1 l d'eau.

Décoction de pétales de coquelicot : 1 poignée de pétales dans un verre d'eau.

oublier quelques imperfections

De vilains points noirs ? Une rondelle de ***tomate*** fraîche ou une feuille d'***oseille*** feront l'affaire.

Des taches de rousseur ? Une décoction de feuilles de ***pissenlit***, une infusion de ***persil*** ou encore des fleurs de ***sureau*** à prendre dans un bain de vapeur. Un coup de soleil ? Un cataplasme de feuilles de ***laitue*** cuites (avec une laitue tout juste cueillie) adoucira la sensation de brûlure. Des dartres ? Une décoction de ***guimauve*** les fera disparaître. Et quand vous faites cuire des légumes (poireaux, épinards…), pensez à conserver l'eau de cuisson : une petite tasse à boire le matin vous fera retrouver votre teint de jeune fille !

Infusion de persil : 15 g de feuilles fraîches dans 1 l d'eau.

Décoction de guimauve : 100 g de feuilles pour 1 l d'eau.

pour les yeux

Si vous avez les yeux fatigués, délassez-les avec une compresse de ***camomille*** infusée ou une ***eau de rose*** maison. Les yeux rouges feront appel à une décoction de ***cerfeuil***, tandis que les vilaines poches qui ombrent les vôtres sur vos paupières décidément gonflées cèderont momentanément sous la pression d'une infusion de ***romarin***. La tradition veut que le bleuet soulage les yeux bleus, le plantain revenant aux bruns. Il va sans dire que ces remèdes dits « de bonne femme » demandent temps et persévérance !

Eau de rose : 250 g de pétales, dans 1/2 l d'eau distillée (l'eau du robinet est trop calcaire) pour un macérat (jetez les pétales dans l'eau bouillante, laissez refroidir, puis macérer durant 48 heures au réfrigérateur).

Décoction de cerfeuil : 40 g de feuilles fraîches pour 1 l d'eau.

Infusion de romarin : 30 g de feuilles pour 1/4 l d'eau.

et le nez ?

Vous pensez que le vôtre a tendance à être trop rouge, qu'il est comme un phare au milieu de la mer et que l'on ne voit que lui ? Pas de panique ! Tournez-vous vers ***l'eau de guimauve ou de rose tiédie*** (même décoction ou infusion que précédemment). Cela dit, il vous faut quand même prendre le temps de faire tremper votre nez 5 minutes matin et soir… À défaut, appliquez quelques compresses imbibées de l'une ou l'autre de ces lotions, opération que vous ferez suivre d'un massage doux à la crème d'hamamélis (en pharmacie ou dans les boutiques bios).

Une peau éclatante

bourrache

La bourrache *(Borrago officinalis)* est connue pour ses fleurs d'un bleu couleur de ciel et ses feuilles épaisses et ondulées. Les premières sont émollientes et pectorales. Quant aux secondes, elles sont surtout diurétiques. Mais la bourrache vaut surtout pour l'huile de ses graines et ses effets sur la peau : ***hydratation*** facilitée, retour d'une certaine ***élasticité***. Si vous êtes mécontente de la vôtre, si vous n'appréciez pas les petites rides qui tournent autour de vos yeux, achetez un petit flacon en pharmacie (la bourrache se cultive à des fins cosmétiques). À noter : l'onagre (une Américaine naturalisée, aux grandes fleurs jaunes) possède des vertus à peu près similaires.

peau de bébé

Si vous êtes mère de famille, vous avez très certainement utilisé l'huile de *Calendula* (autrement dit le ***souci***) pour hydrater la peau de votre bébé, soigner ses érythèmes fessiers. Et vous-même l'avez trouvé dans vos shampooing, crème solaire et savon. Bon cosmétique, il intervient aussi très efficacement sur les brûlures, les plaies infectées, les coups de soleil. Les fleurs séchées se prennent en décoction, s'utilisent en compresses. Vous pouvez vous-même fabriquer votre lotion en mêlant pétales séchés, pommade émulsifiante, glycérine et teinture de benjoin.

Le souci *(Calendula officinalis)* fréquente le jardin où il pose sa corolle carrément orangée – il se reconnaît entre tous. Dans la nature, vous pouvez aussi trouver son cousin, *C. arvensis*, qui, lui, pousse entre des rangs de vigne. Il se ressème volontiers d'une année sur l'autre.

camomille

La camomille romaine *(Chamaemelum nobile)* fait partie des plantes indispensables à la peau. Dégageant une agréable odeur de pomme lorsqu'on la froisse entre les doigts (d'ailleurs, elle est appelée *manzanilla* en espagnol, c'est-à-dire « petite pomme »), elle se reconnaît facilement à ses petites fleurs blanches cernant un cœur jaune, comme la marguerite (qui est cependant plus grande).

Avec elle, faites-vous plaisir : une ***macération de fleurs fraîches*** (entre 50 et 100 g) dans de l'eau bouillante dégagera une chaude vapeur avec laquelle vous vous débarbouillerez le visage ; en ***infusion***, ces mêmes fleurs pourront éclaircir vos cheveux (si vous le souhaitez) et rafraîchir votre peau.

En infusion : 80 g de fleurs dans 1 l d'eau bouillante (à utiliser dans l'eau de rinçage de vos cheveux).

rose

C'est la *Rosa*, dans toute sa splendeur, celle qui, symbole de l'amour, inspira de nombreux poètes, de Pierre de Ronsard *(« Mignonne, allons voir si la rose… »)* à Rainer Maria Rilke *(« Rose, ô pure contradiction… »)* en passant par Marceline Desbordes-Valmore *(« J'ai voulu, ce matin, te rapporter des roses… »)*. Mais une *Rosa* (genre) qui se décline en quantité d'espèces et de variétés… Il est difficile de s'y retrouver. Néanmoins, elle se reconnaît facilement et n'importe laquelle (pourvu qu'elle soit rouge et parfumée) fera l'affaire pour fabriquer une excellente ***lotion purifiante***, à appliquer sur le visage.

En lotion : 1 poignée de pétales dans 250 ml d'eau bouillante additionnée de quelques gouttes de vinaigre de cidre. Laissez macérer 2 heures, puis filtrez.

Un bon sommeil et moins de stress

valériane

Si ses fleurs (pourtant très jolies) sentent le pipi de chat, ne soyez pas inquiet(ète). Elle possède d'autres ressources que vous allez mettre à profit pour ***améliorer un sommeil*** qui a tendance à vous fuir. Vous trouverez la valériane *(Valeriana officinalis)* au bord de l'eau, près des fossés et la reconnaîtrez à sa haute taille (jusqu'à 2 m), ses longues tiges droites et sillonnées, ses petites fleurs légèrement rosées disposées en corymbe*. Elle s'utilise en infusion et en macérat (racines* séchées).

Mais sachez qu'à forte dose, la valériane produit des effets contraires à ceux que vous recherchez : nervosité, voire tachycardie en lieu et place du sommeil de bébé tant attendu… Mieux vaut donc passer chez votre pharmacien et lui parler de vos insomnies…

- En infusion : 30 g de racine pour 200 ml d'eau.
- En macérat : 10 g de racine fraîche pour 15 cl d'eau.

aubépine

L'aubépine (*Crataegus monogyna* et *laevigata*) est un grand classique du sommeil et de la lutte contre le stress, la nervosité, les palpitations ; en bref, contre tout ce qui, pour un oui ou pour un non, finit par vous mettre dans tous vos états. C'est un petit buisson très courant dans les haies qui, lorsqu'il fleurit en mai (à la campagne, on l'appelle joliment « le mai »), se transforme en un odorant et superbe bouquet (mais éphémère). La partie active se trouve dans les fleurs, à cueillir dès qu'elles pointent, encore fraîches et parfumées, avant épanouissement complet. Ses principes n'ont été découverts qu'au XIXe siècle, avant d'être scientifiquement validés. De fait, l'aubépine soigne ***insomnie et hypertension***, régularise le rythme cardiaque et calme le système nerveux.

En infusion : 10 g de fleurs par litre d'eau bouillante, à infuser durant 15 minutes (1 tasse, 2 à 3 fois par jour).

coquelicot

Lui aussi *(Papaver rhoeas)* est excellent pour le sommeil, et vous ne serez pas surpris(e) lorsque vous apprendrez qu'il appartient à la même famille que le pavot, bien connu pour ses ***propriétés sédatives***. En infusion, utilisés frais ou secs, ses pétales (et eux seuls : les graines n'ont, de ce point de vue, aucun effet) sont calmants, légèrement narcotiques, à proposer pour l'endormissement de votre enfant excité, surtout s'il tousse la nuit. Mais toujours occasionnellement !

Le coquelicot est une plante annuelle, familière des champs de céréales. Aujourd'hui, vous le trouverez donc de préférence sur les talus, bords des chemins et des champs, seuls lieux où il conserve un espace de liberté. À condition que ledit champ n'ait pas été arrosé de chimie…

En infusion : quelques pétales dans une tasse d'eau bouillante, avant le coucher.

cynorrhodon

Pour vous sentir mieux, retrouver de l'énergie, rien de tel qu'une petite cure de cynorrhodon, déjà évoqué (p. 223) : c'est le fruit du rosier, également nommé « poil à gratter », remarquable par ses ***propriétés énergisantes***. Riche en vitamine C, il vous conviendra si, au bord de l'hiver, vous êtes fatigué(e) et sujet(ette) au refroidissement. Mais veillez à ne pas le faire bouillir trop longtemps, sous peine de faire disparaître cette précieuse vitamine, si requinquante. Vous sentirez alors revenir votre énergie et, avec elle, l'indispensable bon moral.

En infusion : 20 g de fruits secs dans 1 l d'eau (1 à 2 tasses par jour).

Coquelicot *(Papaver rhoeas)*

Herbier photo

Voici quelques plantes en vrac, isolées ou en bouquets composés, familières ou moins connues. Mais toujours proches de nous, les unes appréciées, les autres regardées de plus loin, jamais inutiles. Elles suivent les saisons, les prés, les bois ou les talus, préfèrent la proximité de l'eau ou d'un substrat plus sec, entrent dans la cuisine, le placard à pharmacie, investissent le vase, c'est selon. À vous de choisir vos préférées et, pourquoi pas, de faire comme moi : les photographier !

▲ Rosier sauvage ou églantine
(Rosa sp.)

Cynorrhodon (fruit) ▶

Cardamine des prés *(Cardamine pratensis)*

Digitale pourpre *(Digitalis purpurea)*

Mauve musquée *(Malva moschata)*

Tanaisie *(Tanacetum vulgare)*

Ail des ours *(Allium ursinum)*

Chicorée *(Cichorium intybus)*

Pâquerette *(Bellis perennis)* et
véronique petit-chêne *(Veronica chamaedrys)*

Carotte sauvage *(Daucus carota)*

Guimauve officinale *(Althaea officinalis)*

Angélique des bois *(Angelica sylvestris)*

Sauge des prés *(Salvia pratensis)*

Bardane *(Arctium lappa)*

Thym serpolet *(Thymus serpyllum)*

Colchique des prés *(Colchicum autumnale)*

Menthe aquatique *(Mentha aquatica)*

Primevère *(Primula veris)*

Stellaire *(Stellaria holostea)* et pissenlit *(Taraxacum sp.)*

Alliaire *(Alliaria petiolata)*

Cresson des fontaines *(Nasturtium officinale)*

Glossaire

Aigrette : le pissenlit en porte une, soit un plumeau de soies ou de poils, terminant les fruits. Les enfants adorent souffler dessus !

Aiguillon : piquant qui, contrairement à une épine, ne fait pas corps avec le bois (par exemple, ceux du rosier).

Akène : fruit sec contenant une seule graine. La fraise charnue est un assemblage d'akènes (les « grains »).

Bouture : morceau de plante qui peut se mettre directement (et facilement) en terre. Sur le plan génétique, la bouture est donc une sorte de clone, identique à la plante mère.

Bulbe : organe souterrain, souvent renflé, composé de plusieurs bourgeons entourés de feuilles riches de réserves nutritives (par exemple, l'oignon).

Calice : il constitue l'enveloppe extérieure de la fleur, composée de sépales, en général de couleur verte.

Carminatif(ive) – du latin carmina, « chant » : une plante est dite carminative lorsqu'elle facilite l'expulsion des gaz intestinaux.

Carpelle : pièce du pistil (qui constitue la partie femelle de la fleur). Ensemble, les carpelles protègent le pistil.

Corolle : elle est constituée par les pétales, organes en général colorés, et protégée par les sépales du calice.

Corymbe : inflorescence dont les fleurs arrivent en général au même niveau, mais sont portées par des pédoncules de taille variable.

Crassulescent(ente) : se dit d'une plante grasse qui s'adapte aux contraintes de la sécheresse (par exemple, en développant des feuilles gorgées d'eau).

Dépuratif(ive) : plante qui détoxique l'organisme.

Drageon : rejet naissant sur une racine et qui se développe par la suite.

Drupe : fruit charnu qui renferme un noyau ne contenant qu'une seule graine (par exemple, la prunelle).

Étamine : organe mâle de la fleur, que viennent volontiers polliniser les insectes.

Évapotranspiration : émission de vapeur d'eau par une plante.

Fronde : chez la fougère, la fronde correspond à la « feuille » d'une plante à fleurs (la fougère ne portant pas de fleurs).

Gousse : fruit non charnu, comme celui du haricot.

Lamier : plante de la famille des Lamiacées. Chez elle, les tiges sont en général de section carrée (critère important) et les feuilles, généralement dentées.

Ligule : languette de la corolle des Astéracées (famille de la pâquerette, de la marguerite…).

Limbe : partie feuillée de la feuille (il est en général porté par un pédoncule).

Liste rouge : cette liste recense toutes les espèces qui peuvent être rares et donc menacées de disparition.

Mucilage : substance un peu visqueuse qui présente une action adoucissante. En conséquence, une plante mucilagineuse est plutôt laxative.

Officinal(ale) : synonyme de médicinal(ale).

Ombelle : bouquet de fleurs blanches. Contrairement au corymbe, toutes les fleurs partent d'un même point.

Panacée : remède que l'on croit capable (ou susceptible) de guérir tous les maux.

Pédoncule : petit rameau partant d'une fleur.

Pistil : organe femelle de la fleur, composé de l'ovaire (contenant les ovules), du style et des stigmates.

Racine : organe végétatif qui ancre la plante dans le sol.

Réceptacle : partie assez épaisse qui termine le pédoncule et porte les organes floraux.

Rhizome : tige souterraine, plus ou moins épaisse, souvent horizontale (par exemple, l'iris), produisant des tiges et des racines.

Sépale : partie du calice ressemblant à une petite feuille verte.

Silicule : petit fruit court, de la famille des Brassicacées (par exemple, le chou, le radis).

Sporange : chez la fougère, organe contenant les spores, lesquels ressemblent à de minuscules (mais précieux !) grains de poussière et assurent la reproduction de la fougère.

Stigmate : extrémité du pistil.

Stolon : rejet d'une plante, parfois muni de racines (par exemple, le fraisier se multiplie par stolons).

Style : pièce du pistil, sous la forme d'un fin filament, reliant l'ovaire et le stigmate.

Tubercule : organe renflé dans lequel sont stockées les réserves de la plante. Il se présente souvent sous la forme d'une tige souterraine qui est alors hypertrophiée (par exemple, la pomme de terre, le topinambour).

Verticille : se dit d'organes (par exemple, des feuilles) disposés en cercle autour d'un axe.

Vulnéraire : se dit d'une plante qui soigne plaies et ulcères. Elle est à la fois détersive et cicatrisante.

Bibliographie

Laurent Chevallier, *Vive les plantes, se soigner au naturel*, J'ai lu, Paris, 2014.

Christian Cogneaux, *Plantes des haies champêtres*, photographies de Bernard Gambier, Éditions du Rouergue, Arles, 2009.

François Couplan, *Reconnaître facilement les plantes par l'odorat, le goût, le toucher*, illustrations d'Yves Doux, Éditions Delachaux et Niestlé, Paris, 2004.

François Couplan et Eva Styner, *Guide des plantes sauvages comestibles et toxiques*, Éditions Delachaux et Niestlé, Paris, 1994.

François Couplan et Marc Veyrat, *Dégustez les plantes sauvages*, Éditions Sang de la Terre, Paris, 2000.

Paul-Victor Fournier, *30 plantes utiles. Herbes, arbres, plantes alimentaires : leur histoire, leurs vertus*, présenté par Clotilde Boisvert, Éditions Omnibus, Paris, 2010.

Jessica Houdret, *Tout ce que vous devez savoir. Les Herbes aromatiques*, photographies d'Andrea Jones, Succès du livre, Paris, 2007.

Denise Le Dantec, *Encyclopédie poétique et raisonnée des herbes*, Éditions Bartillat, Paris, 2000.

Pierre Lieutaghi, *Badasson & Cie. Tradition médicinale et autres usages des plantes en haute Provence*, Actes Sud, Arles, 2009.

Pierre Lieutaghi, *La Plante compagne. Pratique et imaginaire de la flore sauvage en Europe occidentale*, Actes Sud, Arles, 1998.

Pierre Lieutaghi, *Le Livre des bonnes herbes*, Actes Sud, Arles, 1996.

Jill Norman, *La Bonne cuisine aux herbes*, Éditions Solar, Paris, 1998.

Jean-Marie Pelt, *Ces plantes que l'on mange*, photographies de Rob White, Éditions du Chêne, Paris, 2009.

Jean-Marie Pelt, *Drogues et plantes magiques*, Fayard, Paris, 1983.

Jean-Marie Pelt, *Des légumes*, Fayard, Paris, 1993.

Jean-Marie Pelt, *La Médecine par les plantes*, Fayard, Paris, 1981.

Aline Raynal-Roques, *La Botanique redécouverte*, INRA Éditions, Belin, Paris, 1994.

Thierry Thévenin, *Le Chemin des herbes. Connaître, cueillir, utiliser les plantes sauvages*, aquarelles de Christine Achard, Éditions Lucien Souny, Geneytouse, 2012.

Revues

La Garance voyageuse, revue trimestrielle du monde végétal, éditée par une association qui entend protéger et faire connaître le monde végétal.

Plantes et santé, magazine de la phytothérapie.

Sites Internet et applications

Sites Internet

Tela botanica, le réseau des botanistes francophones : www.tela-botanica.org

Muséum national d'histoire naturelle : https://inpn.mnhn.fr/espece/cd

Pour reconnaître les fleurs sauvages : http://abiris.snv.jussieu.fr/flore/flore.html

Pour réaliser un herbier : http://garance.voyageuse.free.fr/botanique/dep_bota3.htm

Applications mobiles

Pl@ntnet : http://www.sciencesetavenir.fr/nature-environnement/20130305.OBS0785/pl-ntnet-l-application-smartphone-qui-identifie-les-vegetaux.html

Une application mobile développée par des instituts de recherche français permet de comparer des clichés pris sur le vif à une base de données collaborative qui couvre déjà 800 espèces : www.01net.com/identifier-les-plantes-en-les-photographiant-avec-son-smartphone

Index

C

D

E

F

G

H

I

J

L

P

T

V

Y

L'auteure

Botaniste, jardinière amateur, vivant à la campagne, **Élisabeth Trotignon** est l'auteure de nombreux ouvrages sur les plantes, notamment *Le Petit Livre des plantes médicinales* (Éditions du Chêne, 2013), *Le Monde oublié des plantes paysannes* (Delachaux et Niestlé, 2011) et *Une campagne pour les arbres* (Éditions Campagne et Compagnie, 2014).

L'illustratrice

Remarquée pour ses carnets de voyage, **Lise Herzog** a travaillé pour Nathan, Milan, La Martinière Jeunesse et les Éditions Ouest-France. On lui doit également les illustrations de nombreux ouvrages parus chez Prat Éditions.

Ouvertures de chapitres